火の見櫓

hinomi-yagura

地域を見つめる安全遺産

火の見櫓からまちづくりを考える会 編

鹿島出版会

静岡県川根本町下長尾

目次

静岡県富士宮市北山

火の見櫓入門

撮影：網代守男

風景に溶け込んでいる

火の見櫓は、火事の発生をできるだけ早く見つけて、半鐘を叩《たた》いて知らせる施設である。それは、集落のなかに危機を知らせるとともに、状況を隣の集落に伝達したり、隣の集落での状況を把握したりするためにある。

そのため、火の見櫓は周りの家よりも高くつくられ、その立地には、集落をよく見渡せて、同時に半鐘の音がよく聞こえる場所が選ばれた。

櫓の上からよく見渡せるということは、集落のどこからでもよく見えるということでもある。いろいろなところから火の見櫓は視野に入ってくるはずである。ところが、火の見櫓は風景に溶け込んでいる。まるで集落の空気のように、あって当然のもの、当たり前のものになっていて、ふだんは気にもとめられていない。今では使われていないことが多いから、忘れられているということもあるだろう。

櫓は鉄骨の骨組みだけで床も壁もないから、風が吹き抜け、向こう側が透けて見える。その構造ゆえか、風景と同化しやすく、なかなか見つからない。目立つようで見えにくい不思議な存在である。その気にならないと見えないのである。しかし、一度気がつくと、

茨城県常総市水海道宝町

なぜか気になるのが火の見櫓なのだ。いつ、どこで、誰が、建てたのだろうか。

控え目におしゃれしている

火の見櫓は防災施設である。それが本当に活躍するときには、極度の緊張のなかで使われることになる。いつでも、どこでも、同じように機能することが第一の条件で、この機能のためには装飾や仕上げは直接的には関係がない。

ところが、火の見櫓を見上げると、どこかとぼけた雰囲気があって、思わず頬がゆるむ。よく見ると、手すりに小さな装飾があったり、屋根が凝った仕上げになっていたりする。どれも一見して火の見櫓とわかるスマートさとシンプルさを保ちつつも、少しずつおしゃれをしているのだ。

見る人をほほえませる控え目な楽しさ、これが火の見櫓の魅力だろう。できれば使われないほうがよい施設だが、集落の安全のためには備えておかなければならないものでもあった。機能的には必要ないはずの遊びが櫓の個性となり、安全への思いを託す糸口となって、安心感へとつながっていくのではないだろうか。

火の見櫓がどれだけつくられて、現在どのくらい存在しているか、全国的にはわからない。静岡県では「火の見櫓からまちづくりを考える会」が、二〇〇〇（平成一二）年から数年かけて、すべての火の見櫓を見るべく調査し、一〇一六基を確認したが、この数が多いのか少ないのかもわからない。長野県では一八七〇基の火の見櫓が存在しているとする調査もある。*

残存数は自治体によって差がある。数も場所も把握して維持・管理しているところもあれば、すべて撤去してしまったところもある。現時点でも日々、数を減らしつつあるはずで、結局のところ、正確な数はわからないままだろう。ただ調査を行った実感として、かつてどの地方でも、集落の数と同じくらいの火の見櫓が建てられただろうということは推測できる。そして、それが少しずつなくなっているということも。

江戸に始まり全国に広まる

火の見櫓は江戸時代に誕生した。江戸の町の大火をきっかけに、火事の早期発見と早期伝達のためにつくられた。江戸の消防であった火消しの施設として、都市のために生まれたのだった。

明治期になると、全国で消防組が組織され、火の見櫓は田舎にまで広まっていった。昭和初期には、村や字《あざ》くらいの単位で、集落ごとに火の見櫓が建てられた。構造も、木造であった櫓や梯子が、明治末期から昭和初期にかけて鉄骨造になっていった。近代化に伴い、鉄骨造の櫓が全国的に普及していったのである。

しかし、第二次世界大戦に入ると、消防組は警防団となり、鉄骨造の火の見櫓は、戦争に使う金属を回収するた

秋田県秋田市下浜長浜

東京都江戸川区一之江（現存せず）

福島県下郷町大内

めに次々と解体された。戦時中は櫓が撤去されて、基礎部分の二〇～三〇センチメートルだけ鉄骨が残されていたという。同時に半鐘も供出されたが、これだけは供出を免れるために井戸などに隠されることもあったそうだ。半鐘は火の見櫓の「心臓」に当たり、それを失うことは村を失うことになるという切迫した思いがうかがい知れる。火の見櫓は木造に戻ってしまい、半鐘の代わりには板を叩いたりしたようだ。

　戦後数年経つと、新たに組織された消防団によって、高さのある鉄骨造の火の見櫓が全国至るところで復活する。戦争で疲弊した町には、粗悪な木造の建物が建ち、人々は自分の家もままならず、まだ電話も各家庭にはない状況であった。しかし、こうした状況であったからこそ、火の見櫓の再建は、地域の安全のために、緊急の課題だったのであろう。こうして鉄骨造の櫓が、近代化の後半期に、再び建てられていった。現在目にする火の見櫓の多くは、このように戦後に建てられたものと推定される。

　火の見櫓は、戦国時代が終わり、生活が安定してきた近世初期に、人々の生命と町の財産を守るために考案され、やがて近代化とともに地方の町や村にまで波及していったのであった。

青森県南部町虎渡

小さな姿に風土を反映している

　火の見櫓は建築物としては簡単なものだが、それが機能するためには、消防のしくみが不可欠である。火災を発見し、知らせ、伝達する。そして消防隊を編成し、出動させる。人を動かすシステムと一体なのだ。火の見櫓は、ひとつの建築物としては、小さな集落を単位としているが、それは大きな社会のしくみの一部なのである。

　火の見櫓が建てられた理由には、何より町や村がほとんど木造の建物でできているという日本独特の建築事情がある。ほとんどが木造の町では、一ヵ所で起きた火事でも、燃え広がれば集落や町全体を焼きつくすこともある。これを防止するため、火消しから消防団にいたる組織がつくられ、そのための施設として火の見櫓がつくられたのである。

　ところで、火の見櫓は日本だけに存

在するのだろうか。戦前、日本の支配下にあった朝鮮半島や台湾には火の見櫓が建てられたといわれる。他方、アメリカにも似たようなものはあったようだ。田舎町を描いた絵などに火の見櫓によく似たものが出てくる（171頁）。

千葉県南房総市富浦町南無谷

また、森林火災の監視塔はサーチタワーと呼ばれる高い櫓に人が常駐し、監視にあたったとのことだ。**

このように日本以外にも火の見櫓らしきものは存在した。しかし、木造建築が大半で、火事の脅威をどこでも、常に感じているという意味では、日本は特有の環境にあったといえる。その備えとして、全国にくまなく火の見櫓が建てられたのであった。その数こそが、日本における火の見櫓の価値を示している。火の見櫓は小さな姿のなかに、この国の自然と社会、すなわち風土を反映した建築物なのである。

似ているけれど少しずつ違う

火の見櫓は、明治期からの消防組の部の単位で建てられていったと思われる。それというのも、消防組の設備として、火の見櫓が定められていたからである。消防組は市町村ごとに設置されたが、ここでいう町村は今に比べるとはるかに小さく、消防組の部は集落の単位であった。消防組は戦後、消防団に変わったが、基本単位は維持され、消防団の分団や部となった。

火の見櫓の建設には集落が資金を出し合った。なかでも、近代的な事業で

青森県黒石市甲徳兵衛町（県重宝）

成功した土地の名士や、都会で功なり名遂げた地元出身者の寄附が大きかった。そんなわけで、火の見櫓の大きさやかたちは、集落の立地や規模に加え、資金力も反映していろいろになった。

集落で集めた資金を使って、火の見櫓を製作したのは、地元の鉄工所であった。櫓のかたちや構造は、もともとは全国的に標準モデルがあって、それが各地に広まっていったようだ。ただ、鉄工所の親方は、しばしば櫓の構造を暗記していて、いちいち図面など引かず、注文ごとにケースバイケースで製作していったらしい。その結果として、だいたい似ているけれど、少しずつ違う、という多様性が生じたのであった。

火の見櫓を見るおもしろさは、ここにある。全国一律の同一機能でありながら、現場は自己資金で手づくりなのである。どこでも一定のかたちを保ちつつ、比べてみるとさまざまに異なるものができあがったのだ。ありふれた材料を使った一種の工業製品でありながら、手仕事の味わいが随所に見られるのが、火の見櫓なのである。

その気になると見えてくる

火の見櫓を見てみると、おもしろさと同時にさまざまな疑問がわいてくる。

まず、櫓の建築について。あのかたちをどう見ればよいのだろうか。見どころはどこだろうか。その技術的背景はなんだろうか。いわば、建築史的な謎である。

次に、櫓が立っている場所について。集落の景観のなかでどんな位置なのか。音の環境としてはどうだろうか。周りの集落との連携はどうだったのか。いわば、都市計画、地域計画的な謎といえよう。

さらに、櫓をつくり、管理してきた地域の人々について。火の見櫓にどんな思いがあるのだろうか。協力はどのようにされてきたのか。現代でも学ぶべきことはないだろうか。これは櫓というハードに対するソフトの側面である。社会的、公共的視点といったらいいだろうか。

風景に溶け込んでいる火の見櫓が、その気になると見えてくる。そして、火の見櫓が見えてくると、集落が見えて、人々が見えてくるだろう。まずは火の見櫓を建築的に観察してみよう。そして、歴史や技術を調べてみよう。さらに、社会的に見直してみることで、かつて櫓をつくった地域の、これからを考えるヒントもあるような気がする。少なくなっているとはいえ、まだまだ、全国各地に残っているはずだ。さあ、近くの火の見櫓を見にいってみよう。

＊長野県松本市在住の堀川雅敏氏による（二〇〇四〜二〇〇五年）。堀川氏によれば、発見率八〇%、推定では県下全域にはおよそ二三〇〇基とのことである。

＊＊『広報 消防基金』二〇〇六年一〇月号「ダニエル・カールの消防ぶらり旅 暗やみと半鐘」

1 りりしい立ち姿

岐阜県各務原市那加前野町
（登録有形文化財／撮影：網代守男）

見守りのかたち

千変万化のイメージ

火の見櫓を見て歩いている。「火の見櫓からまちづくりを考える会」は数年かけて静岡県内を巡り、一〇〇〇基を超える火の見櫓が存在することを確認した。その調査の結果を目にした人は、とりあえず感心してくれる。よくこんなに集めましたね。しかし、なんのためにこれだけやるのですか、と聞かれる。その答えは、自分たちでもわからない。では、この奇妙な情熱はどこからくるのですか。これには答えることができる。

千変万化。火の見櫓のかたちを表現するのに、これほど適した言葉はない。火の見櫓を見て歩く楽しみは、なんといっても同じ機能と一定の型をもちながら、ひとつひとつのかたちが違う多様性にある。同じに見えるようでも少しずつ違い、、実にさまざまな形態を見せている。これはいくつも集めて見てわかることである。調査を始めてこの多様性に気づいてからは、それぞれのかたちのよしあしはともかくとして、とにかく全部を並べてみたい、そしてそれがどこにあるのか知りたい、という思いが調査の原動力となった。ここではこの調査に調査にあたっては、まず各消防本部および市町村に所在を問い合わせた。その際に示した調査の目的と対象の定義は次のとおりである。

［調査目的］
本調査における火の見櫓に対する着眼点とその目的は以下の4点である。
1 火の見櫓のデザインとその類型を明らかにすること。
2 都市、地域景観における火の見櫓のランドマーク的価値を明らかにすること。
3 火の見櫓に表象されるコミュニティ組織を、まちづくりの原動力として生かすこと。
加えて、現在、各地の火の見櫓は老朽化等の理由で撤去される傾向にあり、
4 記録を残すためには緊急に調査を行う必要がある。
［調査対象］
上記の目的に照らして、本調査においては火の見櫓を、
a 見る・見られる関係をもたらす施設。
b コミュニティへの通信手段を有する施設。
c 人々にシンボルとして記憶されている施設。
としてとらえ、以下のいずれかを満たすものとして定義する。
A 人が上がることができ、地区を見渡すことができる（櫓自体は高くなくても、立地している場所が高いところであれば、これに含む）。
B 半鐘がある（現在失われていても、存在した痕跡があれば、これに含む）。
C 頭頂部または半鐘上部などに、特徴的な屋根や意匠が見られる（現在失われていても、存在した痕跡があれば、これに含む）。

この問い合わせに対し、静岡県下74の全市町村（当時）から回答を得て、実地調査に赴き、市町村からの情報にはなく新たに発見したもの、市町村からの情報にはあったが滅失していたもの、前掲の定義に沿わないもの等を加除した（調査期間は大半が2000年7月～2003年10月。その後、逐次更新。調査後に滅失したものも含む）。
調査方法は、写真撮影および目視による高さ、構造の測定、銘板等からの製作年、製作者などの記録、特に頭頂部と見張台に関する意匠観察記録、立地景観の観察記録である。

アングル	874
H型鋼	15
鋼管	63
コンクリート柱	54
木造	10
総計	1016

構造材料別基数

櫓（うちアングル製536）	15m以上	71	549
	10-15m	408	
	5-10m	67	
	5m以下	3	
櫓梯子	10-15m	14	104
	5-10m	70	
	5m以下	20	
梯子	10-15m	5	247
	5-10m	88	
	5m以下	154	
柱	10-15m	48	100
	5-10m	23	
	5m以下	29	
そのほか			16
総計			1016

形態別基数

□	415
△	56
○	35
10角	2
8角	21
6角	10
屋根のあるもの	539

屋根伏別基数

直線	240
反り	205
アーチ	78
オージーアーチ	12
その他	4
屋根のあるもの	539

屋根稜線別基数

□	321
△	15
○	214
12角	2
8角	30
6角	2
その他	4
見張台のあるもの	588

見張台伏別基数

銅製の古いもの	434
鉄製で表面に凸凹のない簡易なもの	430
双盤と呼ばれる銅製の円盤（遠州地方）	33
半鐘のあるもの	897

半鐘の存在

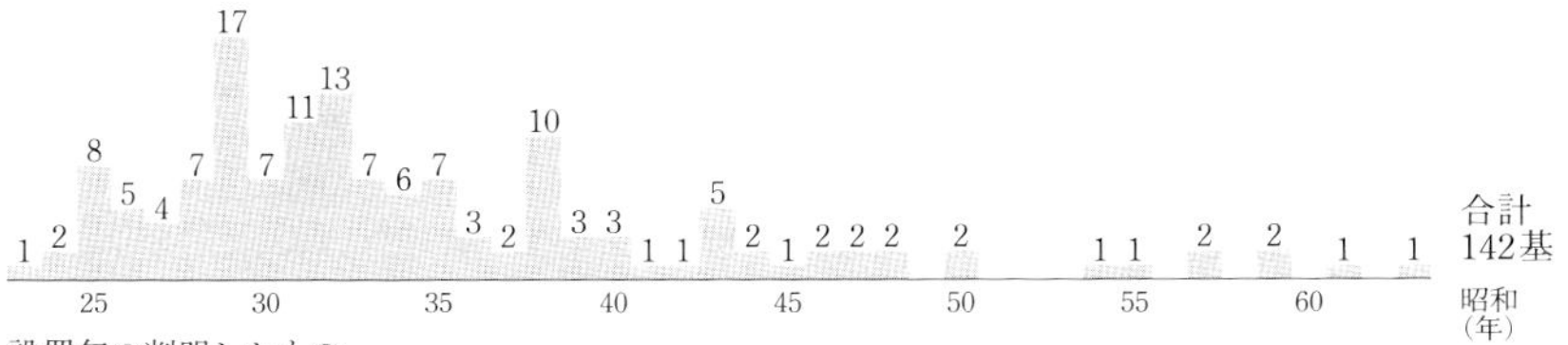

設置年の判明したもの

1 静岡県内の悉皆調査における基数

基づいて、火の見櫓の建築物としての見方を述べてみたい[1]。

まず、どんな建築物を火の見櫓というのだろうか。どうもはっきりとした定義はないようである。一般に、多くの人がイメージする火の見櫓は、鉄骨製で高さは一〇〜一五メートル、一番上に屋根と見張台があって、半鐘がぶら下がっているものだろう。警鐘台という言い方が親しまれている地方もある。たしかに、これが全国的にもっとも多いのだが、高さが低いと構造的に簡易になり、はじめのイメージはだんだん崩れてくる。さらに低いと梯子や柱に半鐘を吊るしただけになって、もはや櫓とは呼べない姿になる。それでも梯子や柱にもちょっとした飾りがついていたりして、なかなかほほえましく捨てがたい。どうもかたちによって火の見櫓を定義することは難しいようだ。半鐘を叩いて火事を知らせるという意味ではどれも同じ機能なので、私たちは、ひとまずこれらすべてを火の見櫓と呼ぶことにした。

構造材料と形態

火の見櫓を構造材料で分けてみると、鉄骨造、木造、コンクリート柱がある。鉄骨は鋼材の種類によってアングル（山型鋼：L型断面の鋼材）を組んだものと、H型鋼や鋼管を使ったものとに大別できる。前者は昭和四〇年代までに建てられたものが大半で、後者はそれ以降のものである。数が圧倒的に多いのがアングル製で、静岡県内での悉皆調査では一〇一六基の火の見櫓を目にしたが、そのうち八七四基がこれだった。また、鉄道のレールを用いたものもある[17]。木造は非常に少なく、簡易な柱や梯子に半鐘を吊ったものである[2、3]。コンクリートや鋼管の柱は、木柱を置き換えたものと考えられるが、なかには高さも十分あって見張台と屋根を載せたものもある[4、5]。

形態別には、大きいものから、櫓型、櫓梯子型、梯子型と類型化した。*

櫓型[6〜12]は、三本または四本の脚で見張台と屋根を支え、高さはほぼ一〇メー

＊櫓型、梯子型の分類は、江戸時代以来の火の見櫓、火の見梯子に由来し、建築、都市計画学的に火の見櫓を扱った嚆矢である次の論文でも用いられている。後藤春彦「『火の見櫓』の都市デザイン的意義に関する研究」『日本建築学会東海支部研究報告』一九九二

「火の見櫓からまちづくりを考える会」の方法は、同論文をはじめとした一連の成果に教えられたところが大きい。

【さまざまな構造材料】（以下、特記なきものは静岡県内）

2 浜松市北区三ヶ日町都筑の木製梯子

3 徳島県藍住町奥野の木柱。
自然木そのままのかたち

4 富士市大渕の鋼管製

5 静岡市葵区油山のコンクリート柱

6 浜松市西区呉松町

7 浜松市浜北区灰木

8 磐田市池田

9 島田市抜里

10 川根本町久保尾

11 川根本町東藤川

12 富士宮市星山

13 長野県下諏訪町大社通
消防倉庫の上から立ち上がり、30m近い高さ

16 浜松市天竜区青谷

15 磐田市合代島

14 南伊豆町川合野

【さまざまな梯子型】

18 浜松市天竜区龍山町青谷

17 浜松市天竜区春野町杉行師平

19 藤枝市中藪田

20 川根本町向井

21 磐田市向笠竹之内

22 袋井市見取

23 浜松市天竜区東雲名

トル以上、基礎の幅は二~三メートル。なかには消防団の詰所の上から立ち上がり、三〇メートル近い高さのものもある［13］。

梯子型［14~18］は、二本の梯子が基本で、付加的に支えが加わったものである。高さは三~五メートルで見張台はなく、半鐘に小さな切妻屋根をつけたものが多い。

櫓梯子型［19~23］は櫓型と梯子型の中間で、櫓としては小さいけれど屋根があって見張台が簡易なものや、梯子としては高くて見張台がつくものなどがある。

アングル製櫓型の構造

アングル製の櫓型はもっとも数が多く、前述の調査でも総数の半数以上が櫓型であり、そのほとんどがアングル製であった。24は静岡県富士市でアングル製櫓型が再建される際（154頁参照）、建築基準法による工作物の確認申請に使われた図面である。基礎上面から屋根下端まで一五メートル、屋根頂部までだと一八・五メートルある。それに対して幅は脚の根元でも二・一四メートル。この極端に細長い構造物は基本的に基礎の重さで支えられている。コンクリートの塊である基礎が碇《いかり》のように重しとなって、転倒を防止しているのである。したがって、構造物としての要点は、基礎がしっかりしていること、脚が基礎に固定されていること、脚より上部の一体性が保たれていることなどである。

脚は細く短いアングルを組み合わせて三角形の集合体をつくるトラス構造で、外力としての風圧を逃がす必要から、軽く、細くつくられなければならない。重く、太くつくってしまうとそれだけ風の当たる面積が多くなり、不安定になってしまうのである。この構造が火の見櫓に軽快なデザインをもたらし、それはまた、鋼材を惜しんでつくった時代のデザインでもあった。アングルの接合方法は一般に古いものから、リベット、ボルト、溶接となる。アングルはひとつひとつの材料費は安いが、接合部が多く手間がかかり、人件費の安い時代ならではの材料であった。

脚は三本または四本で、アングルが組み合わされ、接合部はしばしばプレートなどを介してつながれていく。接合部には斜材や横材が加わってトラスを形成するが、その組み合わせも実にさまざまである。上にいくほど少しずつ脚の間隔が狭くなるように梁の長さを短くしながら、独特の上昇曲線を描いたプロポーションができていく。

幹となるトラスができると、見張台を取りつけ、梯子を渡す。梯子の架かり方もさまざまで、24の場合では八メートル上がったところに簡易な見張台ともいえる踊り場をつくり、そこから一二・九メートルのところにある見張台までさらに梯子がのびる。細い幹に対していかにバランスよく上っていくかを思案した結果であろう。しかし、踊り場から上の見張台までの四・九メートルは梯子が宙に浮くことになり、幅三五センチメートルの梯子以外に頼るものがない状態がつづく。怖い。

ほかの火の見櫓では、この状態を回避するために、脚の内部に梯子を設けたものも

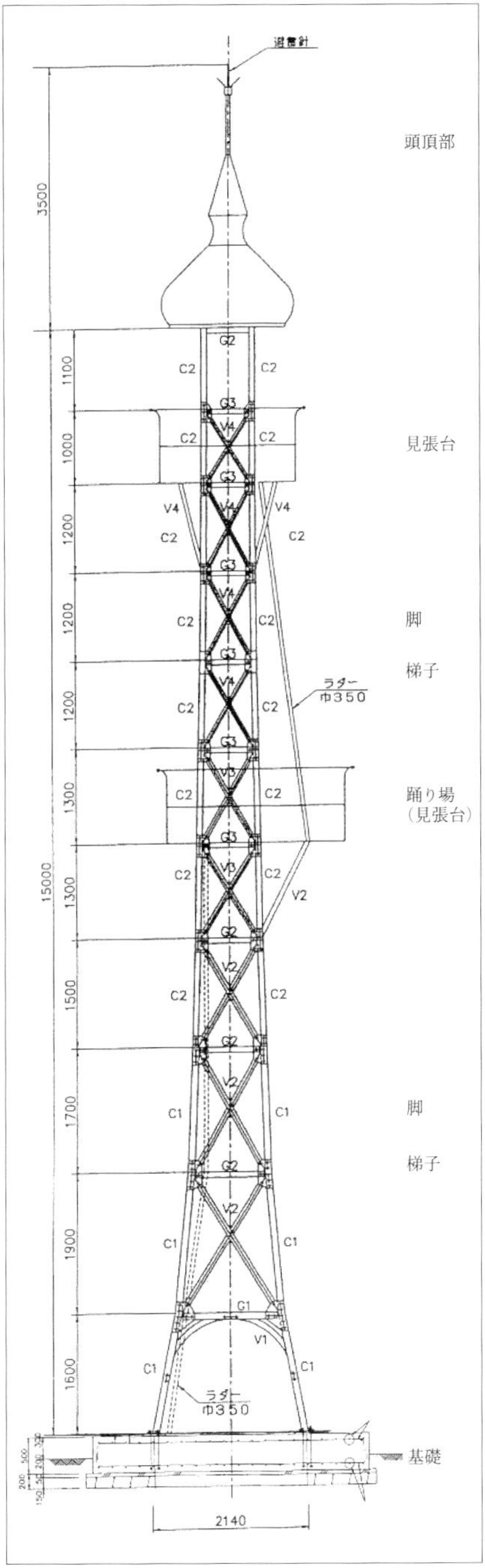

24 アングル製櫓型の図面

ある。しかしこの場合は内部を人が通れるように脚の間隔を広くとるため太めの姿となる。脚の最上端は屋根の接合部でもあり、半鐘の取りつけ位置でもある。24の場合では上の見張台から屋根まで二・一メートルあり、人が立っても十分余裕がある。

トラスの一体性を知るには、火の見櫓を建てているときの写真を見るとよい（38頁参照）。地上で脚より上部のすべてが完成した状態にしてから、支柱を立て、ロープを渡して、それを引っ張って建て起こしていたのである。こうして建てられた櫓は、その脚の下端を、あらかじめ基礎のコンクリートで固められたアンカーにボルトで留められ、完成するのであった。

屋根と見張台

見張台と屋根は火の見櫓の見どころである。

見張台の平面は、四角形か円形が多く、三本脚の場合には三角形も見られる。24の場合は上の見張台は円形、下の踊り場は楕円の一方を切り落とした変形である。手すりには細い鉄骨で円形や波形などのあめ細工のような意匠が施されることもあり、また町村の頭文字などを○で囲んだエンブレムがつけられているものもある［25］。

屋根は伏図が四角形になるもの（四本の稜線があるもの）が多いが、円形、三角形、六角形、八角形、十角形も見られる。屋根の稜線は、真横から見たときに頂部と軒先を結んだ線が、直線、反《そ》り、アーチ（角アーチ＝ドームをつくる）、オージーアーチ（変曲点をもつ二次曲線で、ロシア正教の教会の屋根のようなねぎ坊主型ドームをつくる）などさまざまなかたちになる［26］。24の場合は、伏図は円形、稜線はオージーアーチの頂部に尖頭が加わり、きわめて珍しく変化に富んだかたちをしている。

25　浜松市西区深萩町（旧北庄内村）
見張台手すりに鉄の細工で
「北庄内村」、第一分団を示す㊀

27は大井川流域の中山間地、川根地域の

櫓型（一部櫓梯子型を含む）の屋根と見張台を模式化したものである。並べ方は区切り線の上段から旧川根町、旧中川根町、旧本川根町で、大井川の下流から上流に位置している。三つの町にはそれぞれ傾向があって、屋根は、川根町は三角形、中川根町はドーム、本川根町では反っている。見張台は、川根町は円形平面で手すり天端が広がっているが、本川根町は四角い平面で手すりも四角、中間の中川根町はかたちも中間、といったところである。こうした傾向は後に触れるように、つくった鉄工所による「手」の違いによると思われる。三つの町のなかで、ときどき違う町によくあるかたちが現れるのはかえってそのことを示している。発注先が限られていて、ある程度のモデルがあるからこそ生じたバリエーションなのだ。しかし、さらにおもしろいのは、同じ傾向のものでもよく見ると少しずつ違っていたりすることだ。これは同じ製作者でもあえて違ったものをつくったとしか思えない。千変万化というのはこのことだ。

いろいろな火の見櫓を見ていくと、屋根の軒先にはフリルやヒゲのような装飾があったり、頂部には菱形や花弁状の装飾がついたり、さらにその上に飴細工のような曲線や三叉や菱形の装飾がついたり、方位針がついたりする。屋根は板金で一体に仕上げられたものと、骨組みの上に銅板や鉄板を重ねて金属板葺きにしたものとがある。金属板葺きは、反っている場合は軒線と平行に一文字に張られ、アーチの場合は斜めにして四半に張られたものが多い。印象としては、屋根が反っている場合は寺社の屋根や富士山を連想させて和風の感じとなり、アーチの場合は教会の鐘楼などを連想させて洋風の感じとなる。いずれにせよ、地域の職人が見よう見まねでつくりだした造形と考えてよい。

火の見櫓の個性豊かで細長いプロポーションを見ていると、まるで人が立っているように思えてくる。屋根と見張台は上のほうにあって周りの景観から突出して目立つ。それに、たくさん並べてみたときにも、い

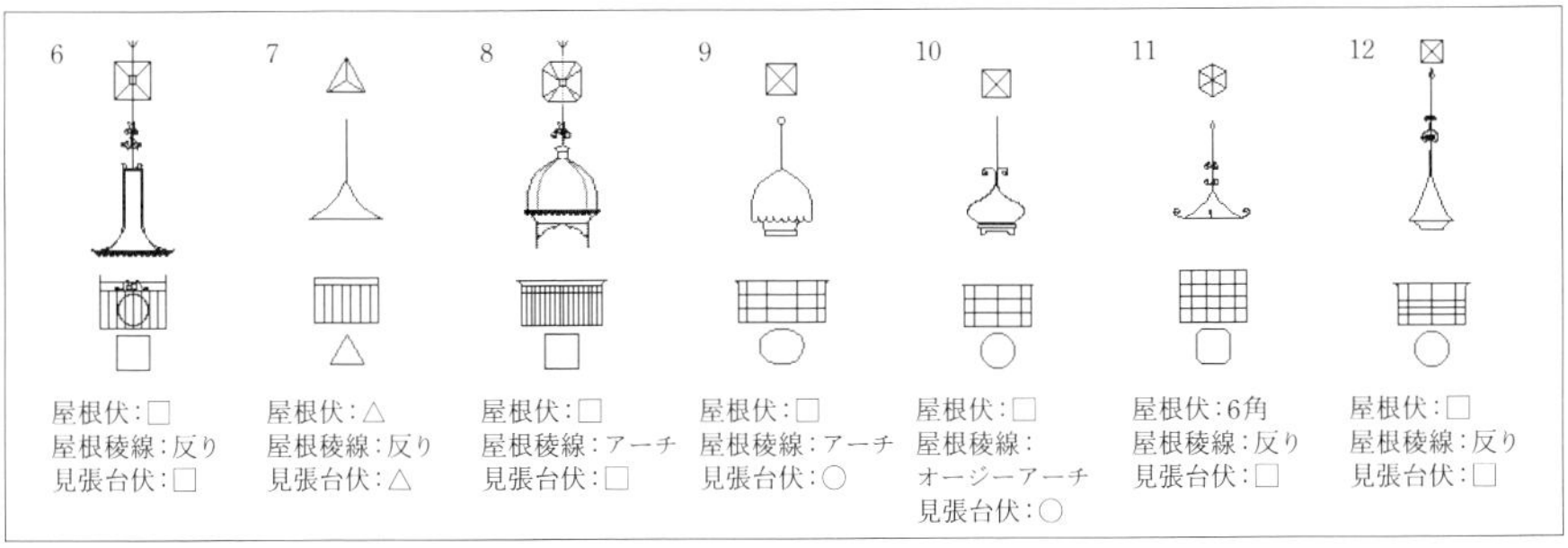

26 6〜12を模式化した図（上から屋根伏、屋根姿、見張台姿、見張台伏）

ちばん個性が表れるので、それと見分けのつく部位である。そうした意味で、ここは火の見櫓の顔なのだ。

半鐘とその音

千変万化の火の見櫓だが、必ず共通していることがある。半鐘の存在である。半鐘は地区への通信手段として、機能的にもっとも重要である。静岡県内の調査では、櫓の構造や形態にかかわらず、八九七基に半鐘が現存していた。半鐘の種類は、古くからのものは青銅製で細工も細かく、まさに梵鐘の縮小版であり、比較的新しいものは鉄製で表面に凹凸がなく、味気ない。静岡県遠州地方ではこれらのほかに、双盤と呼ばれる青銅製の円盤が下がっていることが

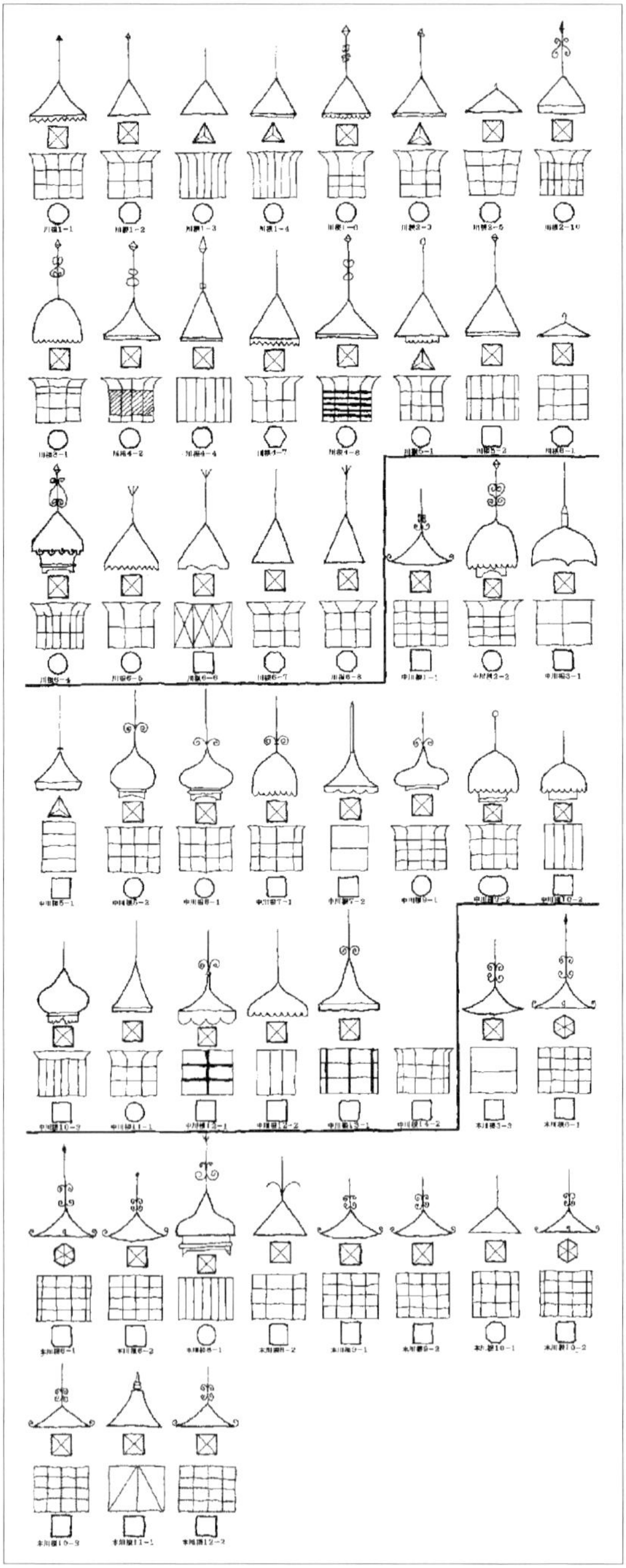

27 川根地域の屋根と見張台
区切り線の上から旧川根町、中川根町、本川根町（現・島田市川根町および川根本町）
模式図は上から
屋根姿、屋根伏、見張台姿、見張台伏

ある［17］。これはかつて広く行われた民俗芸能に使われたものである。櫓が変わっても半鐘は以前のものを利用することも多く、例えば浜松市天竜区のある半鐘は、お寺の半鐘を流用したらしいのだが、弘化四（一八四七）年、隣の愛知県にあたる三河国宝飯郡で鋳造の銘がある。

　半鐘には打ち方がある。火の見櫓の脚もとや、消防小屋などにしばしばその打ち方が書いてある（カバー裏参照）。基本的に火事の遠近を打ち方によって知らせるもので、連打が多く、早くなるほど緊急性が高いといえる。昔の人は半鐘の音を「じゃん」と聞いたようで、今でも「じゃんじゃん」とか「おじゃん」という言葉が生きている。ちなみに広辞苑によると、「じゃんじゃん」は半鐘をつづけて鳴らす音から、「調子づいて物事が休みなく盛んに行われるさま」であり、「おじゃん」は「（火事の鎮火のときに打つ半鐘の音から）事が不成功に終わること。だめになること。失敗」とある。

　火の見櫓の半鐘は、集落に危機が身近に迫ったときには擂半《すりばん》という連打によって、近郷の危機には音のリレーによって非常事態を知らせた。中山間地に行くと、たまに集落から外れた場所に半鐘が下がっていることがあるが、これらは隣の集落との連絡を考えて設置されたと思われる。半鐘が打たれることは今ではほとんどないが、消防信号の「火の用心」は同時に「愛郷」の鐘でもあるのだ。火の見櫓の屋根は半鐘の屋根であり、そこをさまざまに飾り立てていることは集落にとっての半鐘の大切さを示している。半鐘は火の見櫓の心臓なのだ。

設置者と設置年

　火の見櫓の来歴をはっきりと物語るものに、銘板（基礎への打刻などを含む）がある。静岡県内の調査では約一割に銘板があった。そこから設置年、設置者、寄贈者、寄付者等がわかる。

　興味深い例を挙げると、磐田市匂坂上の銘板は再建時のものと、戦前のものとが併設され、戦前の寄付者には東京と並んで大連、奉天という旧満州在住の人物名が見える（131頁参照）。似たような例では、広島市安佐南区八木町にチャップリンの秘書であった高野虎市が寄贈した火の見櫓があった。残念ながら本体は台風によって倒壊したが、基礎だけが残り「昭和七年」「在米」と刻まれている［28］。

また浜松市天竜区両島の銘板には「報徳社」の名が見える［29］。報徳社は、静岡県の近代化において、農村集落に公共的貯蓄を促す役割を果たしたことで知られているが、かつて地区の公共事業における資金集めに役立っていたことを教えてくれる。

銘板からわかるもっとも重要な情報は設置年である。静岡県内では銘板によって八四基の設置年がわかった。これに自治体や関係者からの情報を加えた一四二基の建設年は、一九五〇年代（昭和二〇年代後半から三〇年代前半）をピークとしており、特に一九五四（昭和二九）年がいちばん多いのは、前年の消防施設強化促進法との関連が考えられる。さらにちょうどこの時期、自治体の

28 広島市安佐南区八木町の基礎打刻
「寄附者　在米　高野虎市　昭和七年四月十三日」
とある。本体は1991年に台風で倒壊し、
基礎だけが残されている。
2008年1月にNHKで放映された、高野虎市を
特集した番組製作の際、私たちは問い合わせを受け、
この数奇な火の見櫓の存在を知ることになった
（「想いでの佐東町1」佐東地区まちづくり協議会、1996）

合併がさかんに行われていた。合併に合わせて建設されたものも多いようだ。その後、昭和四〇年代になって建物の高層化、電話の普及などにより、火災発見施設としての機能が低下してからも、昭和六〇年代までつくられ続けていた。これは地域防災の象徴としての意味が大きいと推測される。設置年は高度経済成長期とほぼ合致し、地方にとって鉄骨の櫓は近代化の所産だったのである。

多様性と標準型

火の見櫓は脚、見張台、屋根、頭頂部の組み合わせでさまざまなタイプがつくられる。それぞれの部位の形態の違いだけでなく、全体のプロポーションの変化や、見張台や屋根のような部位そのものの有無によってもさまざまなタイプが見られる。さらにそれらはディテールも異なり、無限といってよいほどのバリエーションがある。加えて、色も耐食に強い亜鉛の銀、防錆材であり消防の色でもある赤のほかに、白、水色、青、茶色などが塗られているところもある。関東地方、関西地方というような広域的な特徴があるわけではなく、かつての村くらいの単位で大体のかたちが決められ、さらに集落ごとにわずかずつ差異が生みだされていったようだ。これには同じにしようとしてもできなかったという側面と、意図的に違いを出したという側面とがあるようだ。

銘板にあるように、建設の主体となったのは地元の消防団、それも分団や部である。富裕な寄付者がいるならばともかく、用意できる資金には限りがある。元来、それぞれ土地や集落の条件が違う。不必要に立派なものを建てる必要はない。まずはここで違いが生じる。

次に、銘板によれば、火の見櫓をつくったのは地元の鉄工所である。統一の基準がない火の見櫓では、ここで技術差が生じる。しかし、設計から仕上げまで、すべてがそれぞれの鉄工所の創意だとすると、もっととんでもないかたちも現れたのではないだ

29 浜松市天竜区両島の銘板
「昭和三十六年六月十二日竣工　天竜市消防団第三分団
報徳社 区民一同　制作者 内藤鉄工所」とある

30 岡山市京橋町
1924年、高さ21m、登録有形文化財
戦後につくられたものとほぼ同型

31 京都市伏見区竹田
1923年、高さ12m、登録有形文化財

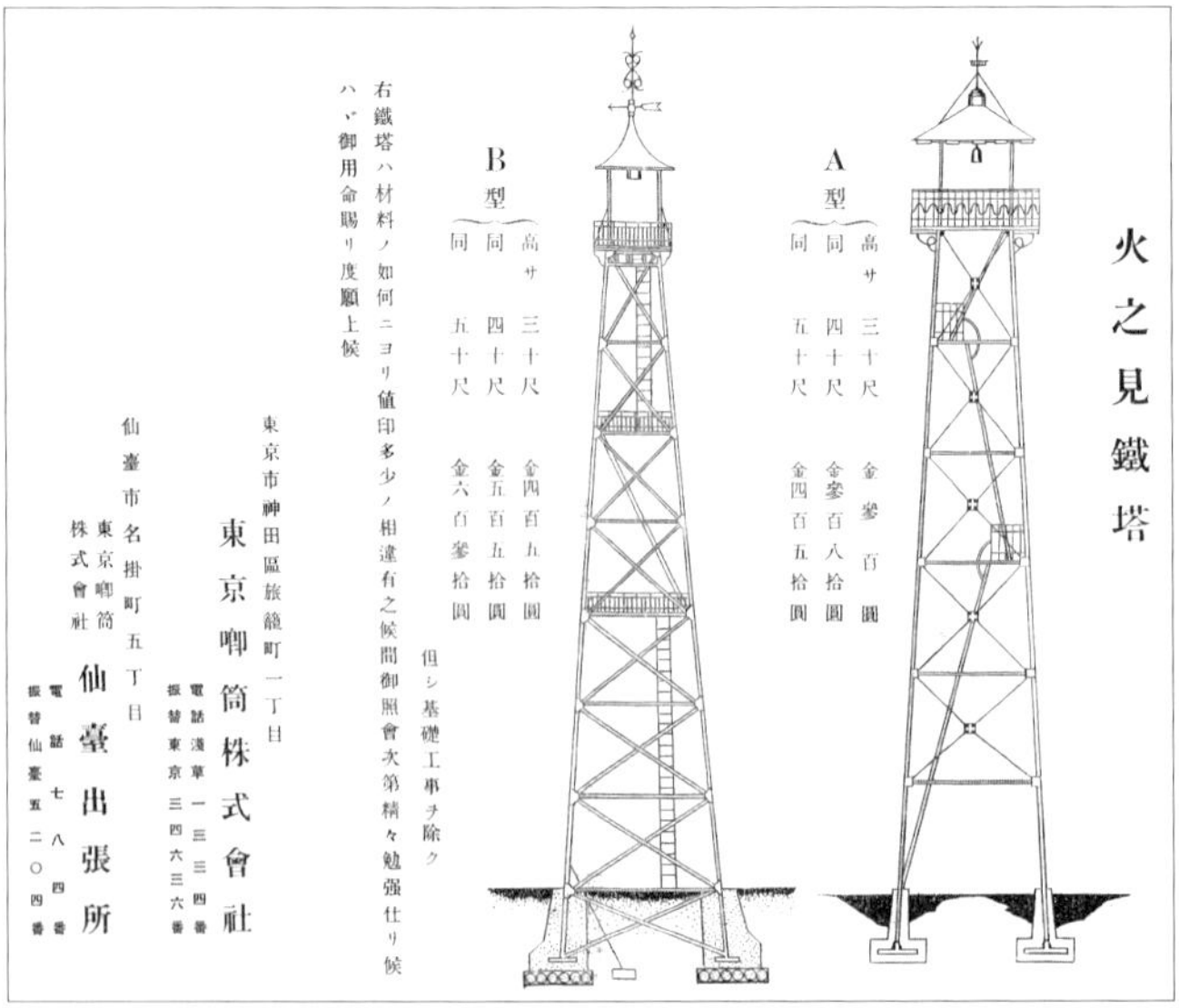

32「東京喞筒株式会社」のカタログに掲載された「火之見鐵塔」。
発行年は不明だが、昭和初期のものと思われる

ろうか。千変万化とはいえ、これは火の見櫓だ、と大半の人が了解できる一定のかたちを保っているのはなぜだろうか。

全国的にいくつかの例を見ると、戦後に大量につくられたアングル製櫓型とほぼ同じものは、すでに明治後期から建ちはじめ、遅くとも昭和初期には各地につくられたようである［30、31］。このころには標準設計のようなものがあり、全体のかたちには一定の型があった。

32は、消防ポンプ会社のカタログに記された「火之見鐵塔」である。二つの型があり、左のほうが四〜五割値段が高い。図で見る限りこの差は主として基礎の違いのようであるが、値段には「但シ基礎工事ヲ除ク」ともあり、「基礎工事」がどんな内容を指しているかは定かではない。それぞれに設定された三〇尺、四〇尺、五〇尺（一〇尺：約三メートル）という三種類の高さは、私たちが見た約十〇〜一五メートルという目視の傾向と一致している。このように一種の工業製品として標準型が流通していたことは、火の見櫓が一定のかたちを保ったことと密接に関係するだろう。

また、83頁は青焼きの図面で、寸法がミリメートルで書かれており、戦後のものである。基礎固定部から屋根頂部までが一三メートル。基礎は幅二・四メートル、深さ一メートルのコンクリートで、四本の脚と脚の間隔は一・八メートル。櫓のアングルはすべてリベット打ちで接合部にはプレートを介している。見張台の高さは一〇メートル、踏み板は円形で直径は脚もとと同じ一・八メートル。外梯子で、踊り場を介して上がっていく。これが「GBF-10型（A）」とあり、標準設計が行われていたことが推測できる。

さらに、たとえば静岡県川根本町小井平の櫓は、遥

33 遠く離れた地方で同じかたちが見られることは、標準型の存在をうかがわせる
（左：北海道帯広市愛国町／右：静岡県川根本町小井平）

かに遠い北海道帯広市愛国町の櫓と酷似しており、建設時期も一九六三(昭和三八)年と一致している[33]。これも全国的な標準型の存在をうかがわせるものだろう。

おそらく、このように標準型が手がかりになって、全体的な大きさや、力学的、経済的に効率のよい部材の組み合わせなどが、各地の鉄工所に伝播していったのであろう。とはいえ、アングル製は部材が多く、手作業の工程ゆえに、作り手の創意や技術差が生じやすい。それに、機能上特に関係のない細部の飾りなどは、それぞれの状況に任されていたようである。こうした標準型とその伝播の過程から、ある一定のかたちを保ちつつも、多様性が生じたのだと考えられる。千変万化という言葉を使ってきたのも、この変化のためである。同じようだがちょっと違う、というのが火の見櫓のおもしろさなのである。

見守りの佇まい

火の見櫓は、電力会社の鉄塔などと違って、小さなコミュニティが自主的に建てたものだから、自分たちのものであるという意識も強かったに違いない。ここにかたちの多様性を生みだす積極的な動機が推測される。すなわち、自分たちがつくる火の見櫓は、隣の集落とはひと味違ったかたちにしたい、あまり逸脱したものは望まないが、節度を保ちつつもちょっとだけおしゃれにしたい、そんな思いがなかったろうか。そして、そうした思いに対して地元の鉄工所が誠意を尽くしてこたえた結果が、火の見櫓のかたちなのだ。

機能は同じでも、土地の状況、集落の実情に合わせて注文生産でつくられたため、職人の手の痕跡が生じたのだった。機能が同じであることが、むしろさまざまなタイプとバリエーションを生んだともいえるだろう。火の見櫓においては、いわば火災報知というシステムの普遍性を、技術の多様性が支えており、それが個性あるデザインを結果としてつくりだしていったのである[34]。

34 静岡県磐田市内で見られるバリエーション
いずれも櫓型、4本脚、銅板葺きで、ほとんど大きさも構成要素も同じだが、稜線の本数や勾配に違いがある。機能とは関係のない、意図的な個性の演出

火の見櫓は、たいてい何でもない土地に立っている。火の見櫓を見て歩くと、それがなければまず行くことはないであろう土地を訪ね、その土地の景観を目にする。市街地のなかでぽつんと忘れられたように残っているもの、農村のなかで民家を背景に立っているもの、そして雄大な山々を分け入ったあげくに現れた集落のなかで大自然に抱かれて立っているもの。こうした火の見櫓に出会う喜びは、同時に火の見櫓のある景観を目にする喜びだ。そうした場所にたどり着くと、火の見櫓がなければ見過ごしてしまったかもしれない景観を、再認し、記憶する。火の見櫓を目印として見て歩けば、やがて集落や民家や街並みや自然といった景観の目利きになれるかもしれない。

火の見櫓の立っている場所。そこは集落の中心や集落が眺め渡せる場所で、コミュニティの歴史を物語るものがいろいろとある。公会堂、民家、鎮守の杜、お地蔵さま、常夜灯、顕彰碑などが火の見櫓とセットで写真に収まる。たまたま訪れた知らない土地でも、火の見櫓とその仲間たちが、来歴の一端を語りかけてくれる。それは土地の名を知る喜びである。しばしば道は直角に交差せず、道の幅もいろいろで、辻にはほどほどの空地があって、火の見櫓のかたわらには消防小屋があり、水路や水槽も近い。

火の見櫓はその機能からして、集落のなかで見やすいところ、見られやすいところに設置される。しかし、火の見櫓を訪ねていくと、意外にも、そういえばあったね、というような言葉を聞く。集落の人々さえも、あまりに身近すぎて見過ごしているのである。毎日見えているにもかかわらず、意識的に見ることは少ない。気がつけばそこにある、という感じである。しかし、この慎ましさは貴重だと思う。まるで日常生活の所作の一部のように人々とともにあり、目立たない。それは、いかにもコミュニティのシンボルと主張するものなどよりもよほど難しく、大切な造形だと思う。見守るというのは、そういう佇まいではないだろうか。

コラム

火の見櫓の建て方

1 火の見櫓を建て起こす。櫓はすでに頂部まで完成している
(『森町むかしといま 町制施行100周年記念写真集』静岡県森町、1989年)

鉄骨造の火の見櫓は鉄工所で製作された。運搬可能な大きさまで一体につくってから、現場に運び、そこで建てた。クレーンやレッカーのない時代に、どのように建てたのだろうか。写真と当時を知る人々の話からたどってみたい。

まず1を見てみよう。静岡県森町、旧園田村で一九五二(昭和二七)年ごろに撮られたものだ。火の見櫓が斜めになっている。櫓の両脇に棒が立てられていて四方に向けてひもが張られている。周囲には揃いの半纏《はんてん》を着た消防団がいて、右のほうでは木を井桁に組んだものがあって何かを回しているようだ。よく目を凝らすと左奥にも同じことをやっている人たちがいるらしい。

ここで鉄工所の親方の証言を聞いてみよう。*「作業所の庭で櫓の下部を組んでおいて、櫓を半分にして牛車や馬で三台くらいで現場に運んでいった。それを現場で屋根まで組み立てた。全体が地面上でできあがってから建て起こした」「組み立ては現場でリベットを打つ。コークスのなかで真っ赤に熱したリベットを打った」「現場で全体を組み立てるのに一日、翌日に建て方だった」

写真は、地上で組み上がって寝ていた火の見櫓が起こされているところなのだ。高さ一五メートルもの建造物が一気に立ち上がるさまは驚きと希望に満ちていたことだろう。肝心なことは、全部できてから起こしている点で、こうすれば足場がいらず、高所作業の危険もない。火の見櫓のトラスによる構造的な一体性と、部材を極力抑えた軽さゆえの建設方法である。

建て起こしの話も聞いてみよう。「建て方は丸太を立てて、滑車をつけてウィンチで引っ張った。建て方専用の丸太をいつも用意していた。建て方の時は消防団が数十人集まった」

先の写真では丸太は二本だったが、一本の場合もあった。次の2がそれを示している。これは一九五四(昭和二九)年、浜松市北区根洗町、旧三方原村のものである。当時の分団長は次のように言っている**。「この写真の反対側から起重機で引っ張ってる。てこに使われている木は、松並木のなかから一番大きなものを利用した」

いずれにせよ、長く丈夫な丸太につけた滑車を介して、ワイヤーを引っ張って建て起こしたわけである。1で回していたのは「かぐらさん」というもので、いわば手動ウィンチである。立ち上がった火の見櫓は、地上から少し浮いた状態で保持され、基礎からのびているアンカーに位置を合わせてボルトで固定された***。

ところで、この建設方法だと火の見櫓の高さは限られてくる。櫓自体の重さや支えとなる丸太の耐力など、引くことのできる条件には限度がある。それに、広々とした場所ならばともかく、周囲に人家が建っている市街地や傾斜地ではこの方法はとれない。その場合はやはり、ある程度まで一体となった櫓

2 支えは1本の場合もあった
(『広報みかた』212号、1989年9月)

を下から建て、足場を組んでその上の部分を載せたと考えるべきだろう。

たとえば浜松市の市街地に現存する一九五〇（昭和二五）年に建てられた火の見櫓は、約二〇メートルの高さを誇るが、立地としても高さとしても一気に建て起こしたとは考えられない。この火の見櫓の脚を、基礎への固定がボルトであることをヒントに観察してみると、ほとんどの接合部はリベットだが、四～五メートルおきに三回、ボルトで留めた箇所がある［3］。ここが一体になった部分をつなげた位置であろう。おそらく四～五メートルごとに滑車で吊り、積み上げていったのである。

また、141頁に掲げた、磐田市市街地のやはり一九五〇年造の火の見櫓は、脚に継ぎ目が二カ所あり、上中下三つの部分に分けて運ばれてきたと思われる。下と中の継ぎ目はリベット、中と上の継ぎ目はボルトである。推測するに、下と中は地上でつなぎ、建て起こした後、中と上をつないだのではなかろうか。

このように火の見櫓は建て方にもいくつかの方法があったはずだ。櫓のかたちがさまざまなのと同様、建て方を請け負った鉄工所やとび職によって、いろいろな知恵と工夫が垣間見える。火の見櫓を注意して見ると、物資や動力の少ない時代のたくましささえ感じられるのだ。

3 高さのある火の見櫓では、部分的にボルトでつながれていった。写真中の矢印はボルトによる接合部を示す

* 静岡県掛川市横須賀、寺田鉄工所の寺田正一さん（二〇〇四年一〇月ヒアリング）
** 静岡県浜松市北区三方原町、『広報みかた』二二二号、一九八九年九月
*** 1の火の見櫓は森町谷中に現存している。85頁参照

消防団の歩みと火の見櫓

江戸の火消と火の見櫓のはじまり

火の見櫓は「明暦の大火」を契機に江戸で誕生した。この大火は一六五七（明暦三）年一月一八日、本郷の本妙寺の出火に発し、連続的に発生したほかの火事も連鎖して、江戸の大半を灰燼に帰した大火である。江戸城天守閣を含む本丸、二の丸をはじめ市街地の約六割を焼失したといわれる。本妙寺でいわくのある娘の振袖を供養して燃やすと、それが本堂に舞い上がり火の粉をまき散らして燃えはじめたという俗説から「振袖火事」と呼ばれた。この大火の翌年（万治元年）、定火消《じょうびけし》が設けられ、火消屋敷に建てられたのが、火の見櫓のはじまりである。

これより以前、江戸においては、まず諸大名による大名火消が一六四三（寛永二〇）年に編成されていた。そして、上記の旗本による定火消の創設を経て、一七一八（享保三）年には町人地における消防組織である町火消が組織化された。八代将軍徳川吉宗の時代、南町奉行大岡越前守が編成させた「いろは四八組」「本所・深川一六組」がこれである。

「火事と喧嘩は江戸の華」の言葉のように、木造建築が密集する江戸の市街はつねに火事の危険に接していた。江戸は水道が発達した都市ではあったが、圧力のない水では火を消し止めることは難しく、龍吐水という道具で水をかけるのはむしろ延焼防止のためであった。ここでもっとも重要なのは初期消火であり、早期発見と早期伝達であった。火の見櫓はそのための施設だったのだ。当然のことながら、当時の通信手段は生身の目と耳によるしかなかったのである。

定火消に建てられた火の見櫓は、高さ五

1 江戸火消、「いろは四八組」のうち「ま組」の出動

2 江戸期の火の見櫓
右上が「町方火之見櫓」。中上が「諸藩邸火之見櫓」で、
その例として下に「三田有馬邸火之見櫓之図」。左上には板木と半鐘

丈（約一五メートル）前後、外観は素木渋塗りの下見板張りであった。また、大名屋敷や町の負担で建設された火の見櫓は、黒塗りで高さは二丈五尺から三丈（約九メートル）、町方のものは脚の周囲を板で覆ってはならなかった。定火消の櫓には太鼓と半鐘を設け、二人の同心が見張った。大名火消と町火消の櫓には、見張番を置かず、大名火消の櫓には板木が、町火消の櫓には半鐘が設けてあった。

火事になると、火消たちは大刺又を担ぎ、鳶口をもって結集した。この時代の消防は、建物の柱を倒し、あるいは屋根に乗って一斉に踏み倒す破壊消防であり、火が来る前に空地をつくることによって類焼を防いだのであった。大火は木造建築が密集するゆえの危険であるが、その防止法もまた、柱と梁で構成される木造建築ならではの、独特な消防活動であった。

明治以降は定火消、大名火消は廃止されたが、町火消はそのまま消防組に引き継がれていった。江戸の住民による自衛消防であった町火消は、やがて消防組として全国に広まる礎となったのである。

消防組の全国展開

明治期になり、海軍省のお雇い外国人であったJ・M・ゼームスは、「防火楼の設置に関する建白書」を東京府知事に提出した。そこには「各区コトニ防火楼ヲ設ケ」と書かれており、これを受けて東京市内に火の見櫓が増設された。また、設備面では蒸気ポンプが導入され、消防活動は大きな変化を見せた。

一方、消防組織の制度面においても近代化が図られていく。明治初期、消防事務は内務省の所管となり、地方都市でも内務省下の警察機構に属した。当時の常備消防は、一八七六（明治九）年に東京で組織されたのにはじまり、大きく遅れて一九〇〇（明治三三）年に神戸と函館、一九〇八年に横浜、一九一〇年に大阪と名古屋、一九一三（大正二）年に京都に設置されたのみであり、これ以外は消防組による非常備組織であっ

3 明治期の警視庁消防本署

た。消防組は江戸時代以来の火消の伝統を受け継ぐ義勇消防であったが、市町村の公設消防組と私設の消防組織が並立していた。

一八九四（明治二七）年、勅令で「消防組規則」が制定され、各地でばらばらに発生、組織されていた消防組に対して、組織、運営の基準を定め、府県知事の所掌、警察署長の指揮とすることにより、全国的に同一の水準を求めた。こうしてつくられた公設消防組は、基本的に市町村単位でひとつの消防組が設置され、傘下にいくつかの部をおさめた。*

明治期から大正期にかけて、消防組は私設から公設への転換が進められたが、伝統的なコミュニティから発生した私設消防組は根強く残り、地域の祭りなどの単位と重なっていたので、火消ならではの血気盛んないざこざを起こしつつも、コミュニティ

＊部は当時の消防組の下部組織。現在の消防団は一般に、方面隊、分団、部、班と組織されるが、その単位構成は各地でさまざまで、分団までで部以下がない市町村もある。

4 大正末期の東京・本郷消防署

5 昭和初期の東京・本所消防署

（1〜5の出典：藪内喜一郎監修『写真図説 日本消防史』国書刊行会、1984年）

にとって欠かせないものであったようだ。

公設消防組と火の見櫓の建設

ところで、公設消防組の設置は火の見櫓と深い関連がある。「消防組規則施行細則**」には、「消防組ニ設備スベキ器具及建物」として「火ノ見櫓若クハ火ノ見梯子」が挙げられている。つまり公設消防組を成立させるためには、火の見櫓や梯子が必要であったのだ。この細則では組織体制も書かれており、組頭を筆頭に、纏《まとい》、喞筒《しょくとう》（ポンプ）、給水、火先、信号の各係を決め、「信号係」が火の見櫓に上り、警鐘を鳴らす。打ち方にも、「知ラセ」「消防組繰出」「鎮火」「近火」「召集」があり、このときに半鐘の打ち方は明文化されたのだった。

鉄骨造の火の見櫓は地方都市でも明治後期から建ちはじめ［たとえば149頁参照］、大正期から昭和初期に急増した。地方の近代化がとりわけ推し進められたのが、一九二〇年代である。一九二四（大正一三）年の皇太子（後の昭和天皇）の御成婚、一九二八（昭和三）年の御大典という国家行事に際しては、各方面で自治組織の展開や記念事業が行われたが、消防も例外ではなかった。二度の国家行事に合わせて、公設消防組のいっそうの拡充が進められ、その結果、設備の充実として、この時期に火の見櫓が急増することになったのである［たとえば96頁参照］。

公設消防組における器具、建物は市町村が設置することと定められていたので、火の見櫓の建設は公費で賄うはずであったが、実際は各地の櫓に残る銘板が語っているとおり［たとえば131頁参照］、寄付金などによることが多かったようだ。鉄骨造の火の見櫓の普及は、国家行事に合わせた消防組織の改革、設備の近代化だったのである。津々浦々の火の見櫓の風景は、この時期に出現したのであった。

近代水道と消防

消防の近代化を、水道の敷設という別の側面から見ることも可能である。一般に近代水道の敷設は、都市化と同義といってよ

**「消防組規則施行細則」は県令で、各県ごとに微妙に異なる。ここでは一九〇七（明治四〇）年の静岡県令を用いる。

いが、水道が必要になる理由は、衛生上の基盤整備という側面と同時に、消防用水としての側面がきわめて大きい。産業が盛んになり、人口が増え、建物が密集してくるとともに、火災、とりわけ大火の危険性は格段に高まってくる。そのときに必要になるのが、たんなる水ではなく、圧力のある水がどこからも噴き出すことなのである。

日本最初の近代水道は、一八八七（明治二〇）年の横浜にはじまるが、当地ではすでに幕末の一八六三（文久三）年から、外国人のボランティアによる居留地消防隊が結成され、消防活動でも近代化の先進地であった。また、一八九三（明治二六）年に行われた東京の水道の起工式では、水道の力を周知するために、家を燃やして放水し消火するということまで行われたという。

そして、全国各地の地方都市で相次いで近代水道が整備されるのが、鉄骨造の火の見櫓の普及と同じく大正期から昭和初期である。配水塔などからの流下によって、あるいはポンプによる圧送によって、圧力のかかった水が市内に張り巡らされた消火栓に送られ、そこにホースをつないで放水する消火活動が登場したのである。この時期につくられた水道施設のなかには、火災時に水圧を上げるための大型ポンプを特別に設置したポンプ室もあり、市内配水用のポンプのうち半分が、通常は使わない火災時用であった例さえある。それまでの消防活動が、水利に左右されるいわば点的なもので、大火になってしまうと破壊消防以外に

6　明治期の横浜の居留地消防隊。上の写真は1881（明治14）年ごろの外国人と日本人の混成部隊、写真右に蒸気ポンプ、左に木造の火の見櫓の脚が見える。下の銅版画は明治期に描かれた同じ火の見櫓
（ともに出典：『横浜の消防』横浜の消防編纂委員会、2009年）

なす術がなかったのに対し、水道施設は都市の面的な防火装備であった。

　また同じころ、一九二三（大正一二）年に起きた関東大震災を教訓として、地方都市でも消防組が常設化され装備が充実していった。現在でも出初式などで行われる高く噴き上がる一斉放水の光景は、近代水道の所産だったのである。

7 1931年に建設された水道施設ポンプ室(静岡県浜松市)。市内配水用ポンプ8基のうち、大型4基が火災時用、市内の消火栓は766か所

消防団と火の見櫓の再建

　一九三一（昭和六）年の満州事変勃発のころから防護団が組織され、これは一九三九（昭和一四）年に消防組と統合されて警防団となった。消防組は戦時体制下の防衛組織になってしまったのであった。戦時中には金属類回収令を受けて、多くの火の見櫓が供出された。

　終戦後、非常備の消防組織は、一九四七（昭和二二）年の消防団令によって、消防団となった。ここで「消防団は、郷土愛護の精神を以て社会の災厄を防止すること」を目的とするとうたわれていた。翌年には「消防組織法」「消防法」も施行され、消防が警察から分離独立し、市町村の責務に移された。さらに一九五一年には消防組織法の改正により任意設置であった消防機関の設置が義務となったりしたが、以来一貫して消防団は自主的民主的な組織として位置づけられている。

　消防団は市町村が運営し、団員は地域の

住民であることが基本である。消防団員は、身分的には地方公務員の特別職に当たり、日ごろは本業をもちながら地域の消防団に所属することで、火災、事故あるいは災害などが発生した際に消防活動を実施する。

一九五三（昭和二八）年の消防施設強化促進法では、消防ポンプ機、火災報知機、消防専用電話および防火水槽が補助対象となり、火の見櫓は対象外であったが、消防施設の充実に合わせて建設されたと思われ、この時期に多くの火の見櫓が建設された。一九五八年の「全国消防力総括表」では、「望楼（常に見張りのいるもの）」七〇四か所、「望楼（臨時に使用するもの）」五八九〇か所、「火の見梯子」五万二〇四二か所となっている。

火の見櫓は、日常の安全を守る消防団の、地域と密着した活動のシンボルであった。戦時中に解体を余儀なくされた火の見櫓が、戦後至るところで再建されていった背景には、消防がコミュニティと不可分離であり、消防団員だけでなく、子どもからお年寄りまで誰もが了解し合えるコミュニティの印として、火の見櫓が存在していたからにほかならない。

［参考文献］

『消防大鑑』日本消防協会、一九五九
『炎と纏』日本消防写真史編纂委員会、一九七六
『東京の消防百年の歩み』東京消防庁職員互助組合、一九八〇
『日本消防百年史』日本消防協会、一九八四
藪内喜一郎監修『写真図説　日本消防史』国書刊行会、一九八四
『住まいの文化誌　天災人災』ミサワホーム総合研究所、一九八四
山形東四郎「火の見櫓物語」『月刊消防』東京法令出版、一九九〇年八月〜一九九一年七月号
後藤春彦『「火の見櫓」の都市デザイン的意義に関する研究』第一住宅建設協会、一九九二
馬淵正一『消防の研究と西遠の消防』消防雑誌社、一九二五
『静岡県消防沿革史』静岡県消防組連合会、一九二九
『濱松市水道小誌』濱松市水道部、一九三一
『名古屋消防史』名古屋市消防局、一九八九
「特集・近代水道の百年　水と歩く東京」『東京人』東京都文化振興会、一九九八年一二月号
『横浜の消防』横浜の消防編纂委員会、二〇〇九
「消防団ＨＰ」総務省消防庁
「消防防災博物館ＨＰ」消防科学総合センター
「消防雑学事典ＨＰ」東京消防庁

2 半鐘の聞こえる集落

静岡県川根本町青部

火の見櫓のある場所

大井川流域の調査

火の見櫓は集落ごとに建てられた。ここでは静岡県の中央部を南北に流れる大井川の流域を例に取り上げ、どのように分布し、どのようなことに留意して建てられたのか、見てみることにしたい。

大井川はかつて駿河と遠江の国を分けた境界であり、近代以降も東西両岸は榛原郡と志太郡に分かれていた。南北でも南アルプスに発し太平洋に至るまで、その流域では景観も大きく変化する。とりわけ中流域（川根地域）と下流域では、集落の形態や産業も異なっている。中流域では、川は杉や檜の山のなかを蛇行し、段丘上に茶畑が展開する。地形はほとんどが傾斜地だ。下流域では、川は広大な扇状地をつくり、そこはかつて田んぼだったが、高度経済成長以降、住宅や工場が増え続けている。地形の違いは土地開発にも関係し、中流域と下流域では火の見櫓の周囲の変化や残存数には大きな差がある。*

残存数を調べると、中流域九九基、下流域四五基。後者に対し前者は二・二倍もある。中流域は平たい土地が少ないので、見通せる範囲が狭く、小さな集落ごとに火の見櫓が設置された。また、音の聞こえる範囲も限られるので、近隣集落への音のリレーの必要もあったであろう。一方、下流域は平坦で見通しがよいので、面積あたりの基数が少なくてすんだと思われる。しかし、下流域に対して中流域の可住地面積は三分の一以下で、これを考慮すると差はさらに大きくなる。両地域での残存数の違いは、維持管理と撤去の違いにあるはずだ。

そこで過去一〇年間**の火の見櫓の管理について自治体に問い合わせてみると、明確な結果が出た［1］。改修または移設された火の見櫓は、中流域二九基に対し、下流域では七基にすぎなかった。改修の内容はペンキの塗り替えがほとんどで、屋根の補修が数基。移設した場合も同時にペンキを塗っている。逆に撤去された櫓は、中流域ではひとつもないのに、下流域では予定を含めると一三基もあった。撤去の要請は多くが住民から出される。地域消防のシンボルとして存在してきた経緯から、地元の要請がなければ撤去されにくいが、なかには詰所と隣接する櫓は火災予防週間で半鐘を鳴らすために残すが、ほかの部分は使用されないので撤去、と予定している自治体もあった。

存続か撤去か

火の見櫓が立っている土地の所有者を調べてみると、中流域、下流域とも同数の二七基が公有地に、残りの中流域七二基、下流域一八基が私有地に建てられている。中流域は私有地、下流域は公有地の割合が高いのである。これは何を意味するのだろうか。

残存数や維持管理の状況から明らかなのは、中流域ではまだ必要性が認められている一方、下流域では滅失が進行

* 調査時は二〇〇二年。その後、市町の合併をへて、中流域でも滅失が進行しつつある。

** 調査時からさかのぼり、一九九二年〜二〇〇一年。火の見櫓の所有は行政庁（市・町）で、総務または防災関係課が所管。維持・管理は消防団に任されているのが通例。行政の財産台帳には、消防団の詰所（建築物）はあるが、火の見櫓（工作物）はない（調査した一市六町）。火の見櫓の履歴は、過去一〇年間は記録をたどることができるが、それより前は不明であった。

市町	残存数	改修	移設	撤去	撤去予定	公有地に立地	私有地に立地
本川根町	36	4	2	0	0	9	27
中川根町	27	15	1	0	0	10	17
川根町	36	6	1	0	0	8	28
中流域	**99**	**25**	**4**	**0**	**0**	**27**	**72**
島田市	14	4	1	1	0	8	6
金谷町	16	0	0	2	1	8	8
大井川町	7	1	0	3	2	3	4
吉田町	8	1	0	1	3	8	0
下流域	**45**	**6**	**1**	**7**	**6**	**27**	**18**

1 大井川流域の火の見櫓の基数（市・町名は2002年時点）

しているということであろう。中流域では、かつての機能はなくても、消防訓練でぬれたホースを干すためのホース掛けとして使われるなど、少なくともじゃまとは思われていない。ところが、下流域では老朽化の心配のほうが先に立ち、行政が撤去してくれるならなくしてしまおうという傾向だ。おそらく、かつては下流域でも相当数が私有地に立っていただろう。しかし、土地の有効利用がしやすい下流域では、私有地のものはしだいに失われていったのではなかろうか。その結果、公有地のものが残り、高い割合となったと思われる。

この推測を進めると、火の見櫓が放置されてきた土地に、地元の人々が別の利用価値を見いだしたときに、櫓は撤去されるといえそうである。老朽化は常に進行しているわけだから、あるときそれに気づいて心配だと言いだすのは、別のきっかけによるのではなかろうか。つまり、火の見櫓と別の価値とを天秤にかけたとき、どちらが重いかによって存続か撤去かが決まる。この考え方で逆の見方をすれば、火の見櫓に積極的な価値を見いだせれば、存続に傾くこともあるということである。

存続の事例

滅失が進行している地域でも、火の見櫓に新たな価値が与えられれば、存続する場合もある。下流域で存続が決まった三例を挙げよう。

一　景観の持続

島田市（旧金谷町）島の火の見櫓は、土地所有者の個人が管理している［2］。一九九三年に消防団の詰所が櫓から離れて新築され、同時に半鐘も詰所に移された。このとき櫓の機能はなくなったが、土地所有者が町に払い下げを申し出たのだった。六年近くの検討をへて、「文化財として永久保存し、併せて地域の景観保持に寄与する」という目的で、二〇〇一年に譲渡された。この火の見櫓には、万一の危険を考慮して保険がかけられ、ペンキも塗装された。この敷地は江戸期からの屋敷で、大きな民家と付属建物がほとんどそのままに残る。隣地には地蔵尊と門前店があり、樹木、塀、

2 地域の景観が持続した（島田市島）

周囲の水田とあいまって典型的な農村景観が持続している。

二　よく見える目印

焼津市（旧大井川町）下江留の火の見櫓は、住民告知用のたれ幕を掛けるのに利用されている［3］。これは「地域参加のまちづくり条例」による住民の発意で、二〇〇一年に屋根と見張台を黄色、脚を青のペンキで塗り分け、そこに「謹賀新年」などのたれ幕を住民が掛けている。大井川の扇状地であるこの地域は、かつては河川の氾濫とつき合いながら水田をつくる散居的集落であった。ここは現在も周囲に田んぼが広がり、その面影を残す。住宅からも距離があり、遠くからでもよく見える。標高差のない土地では、場所性が同質になりがちだが、火の見櫓が立つ場所には、あたかも半鐘の音が同心円状に広がるように、ひとつの中心性があるように見える。

三　三・五メートルの移設

島田市細島の火の見櫓は、行政の判断で存続が決定した［4］。県道の拡幅に伴い、消防団の詰所と櫓を移設するか撤去するのかの決断に迫られていた。消防団は、ホースを掛ける場は必要だが、火の見櫓はいらないということであった。市は、櫓を移設してホース掛けに改造する場合と、撤去してホース掛けを新設する場合とを試算したところ、ほぼ同額だった。そこで前者に決まり、三・五メートル移

3 たれ幕掛けとして利用される（焼津市下江留）

4 ホース掛けとして移設された（島田市細島）

設した後、塗装とホース掛けの設置を行った。二〇〇一年度のことであった。

火の見櫓に価値を認めるのは地元の意思だが、そのとき重要なのは、何か「新しい見方」が提示できるかどうかのようだ。2と3の例では火の見櫓そのものだけではなく、周囲の風景に目を向けたことがよかった。4の例では撤去と存続のプラスマイナスを比べてみたことがよかった。撤去との天秤に載せる「新しい見方」が見つかれば、存続への道が開けるのである。

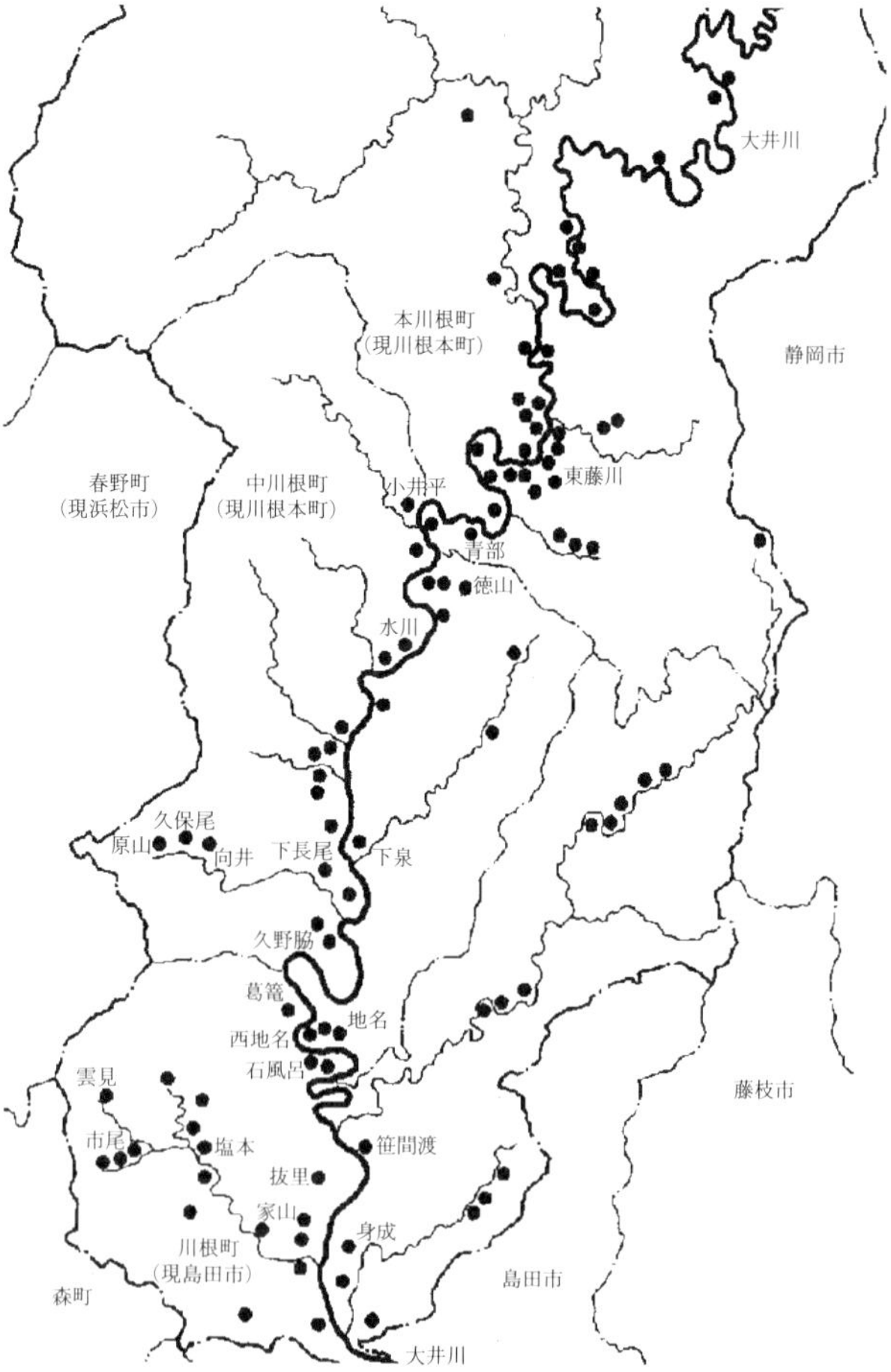

5　大井川中流域の火の見櫓の分布

集落間の助け合い

次に、火の見櫓の残存数が多く、よく維持・管理されている中流域の川根地域について、その立地場所を詳しく見てみよう。

川根地域では起伏に富んだ地形を巧みに生かして集落が形成され、火の見櫓の立地はひとつの集落のなかだけで完結しているのではなく、集落と集落との関係からその場所が決まっている。ふたつの事例を挙げよう。

一　三つの集落の関係

7は川根本町（旧中川根町）の地形図を示している。大井川の支流が枝分かれして形成された谷と尾根が交互に連なる地形の三つの尾根上に、東から向井、久保尾、原山の集落がある。三つの集落は国道と県道でつながれている。

三つの集落の真ん中の久保尾では、かつて小学校が尾根の上にあり、火の見櫓はその校庭に建てられていたという。

しかし、現在の火の見櫓は、この位置から約一二メートル下の国道沿いに立っている。集落内の高低差が尾根の高所から低所まで約二五メートルもあるので、集落の隅々まで半鐘の音が聞こえやすい位置に移されたと考えられる。またここの標高は、東西の集落とほぼ同じで、久保尾の火

6 3つの集落のほぼ中央に位置する火の見櫓（川根本町久保尾）

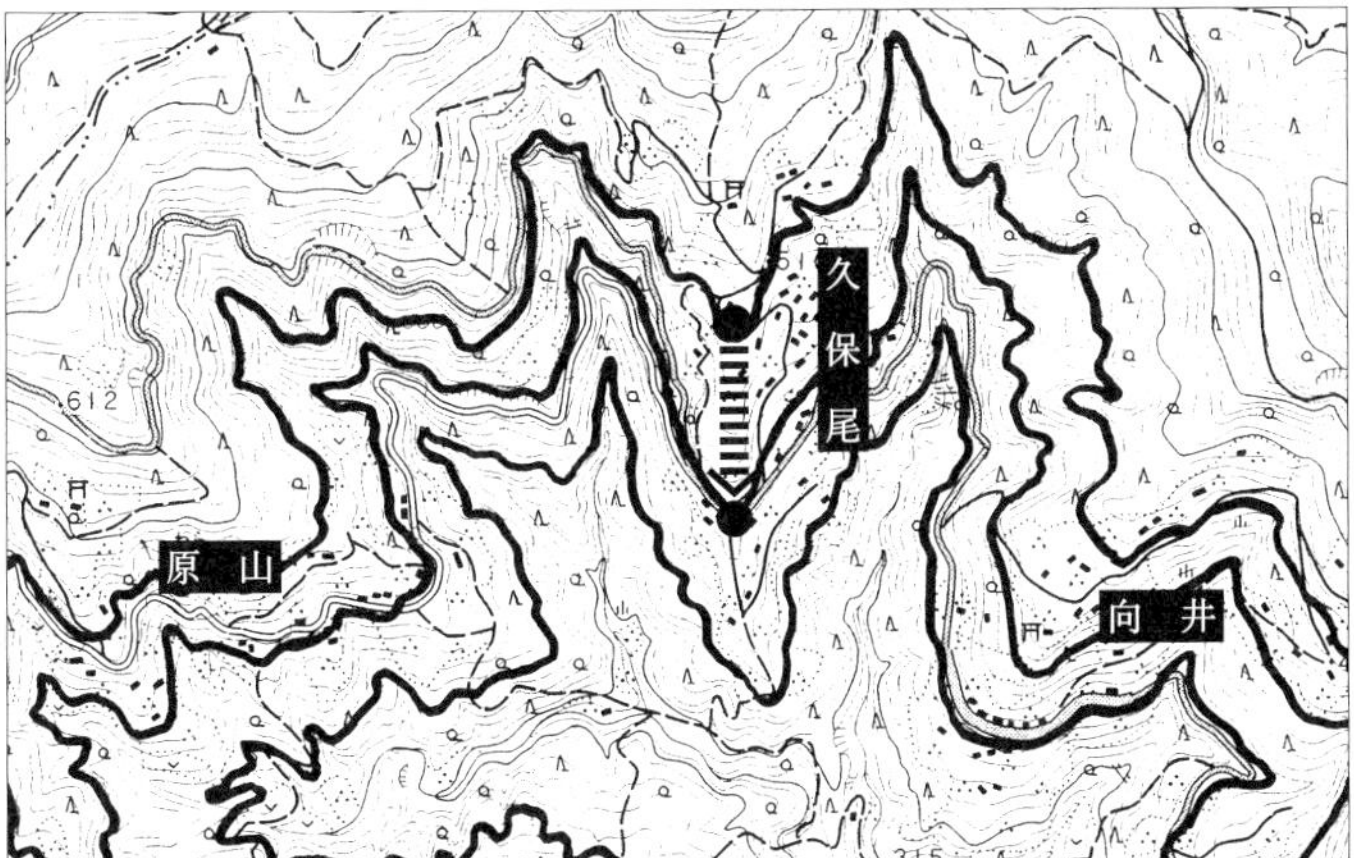

7 久保尾の火の見櫓は互いに見える位置に移設された（川根本町原山・久保尾・向井）

の見櫓は向井からも原山からもその姿を容易に確認することができる。火の見櫓の場所は、集落の位置関係から決まっていて、互いに見るにも見られるにも好位置にあるのである［6］。

二　集落から離れた半鐘

火の見櫓はほとんどの場合、集落の中心に近い場所に位置しているから、普通は簡単に見つけることができる。ところが島田市（旧川根町）雲見の調査では、どんなに探しても集落のなかで見つけることができなかった。集落のはずれで炭焼きの準備をしていた地元の人に尋ねて、ようやくその場所を聞きだせたのである。雲見は、現在わずか四戸の小さな集落で、手前の市尾集落を通る県道から細い山道を二キロメートルほど上ったところにある。ここより奥に住宅はない。

雲見にあるのは、火の見櫓というよりむしろ半鐘台というべきものだが、集落に至る手前一五〇メートルあまり、道がややカーブしている山側に設置されている。万一の火災発生時には集落からここまで走ってきて打鐘することになる。一刻を争うのに、なぜこんな場所に半鐘台が設置されたのだろうか。

山間地の小さな集落では、集落内の消火活動の能力に限

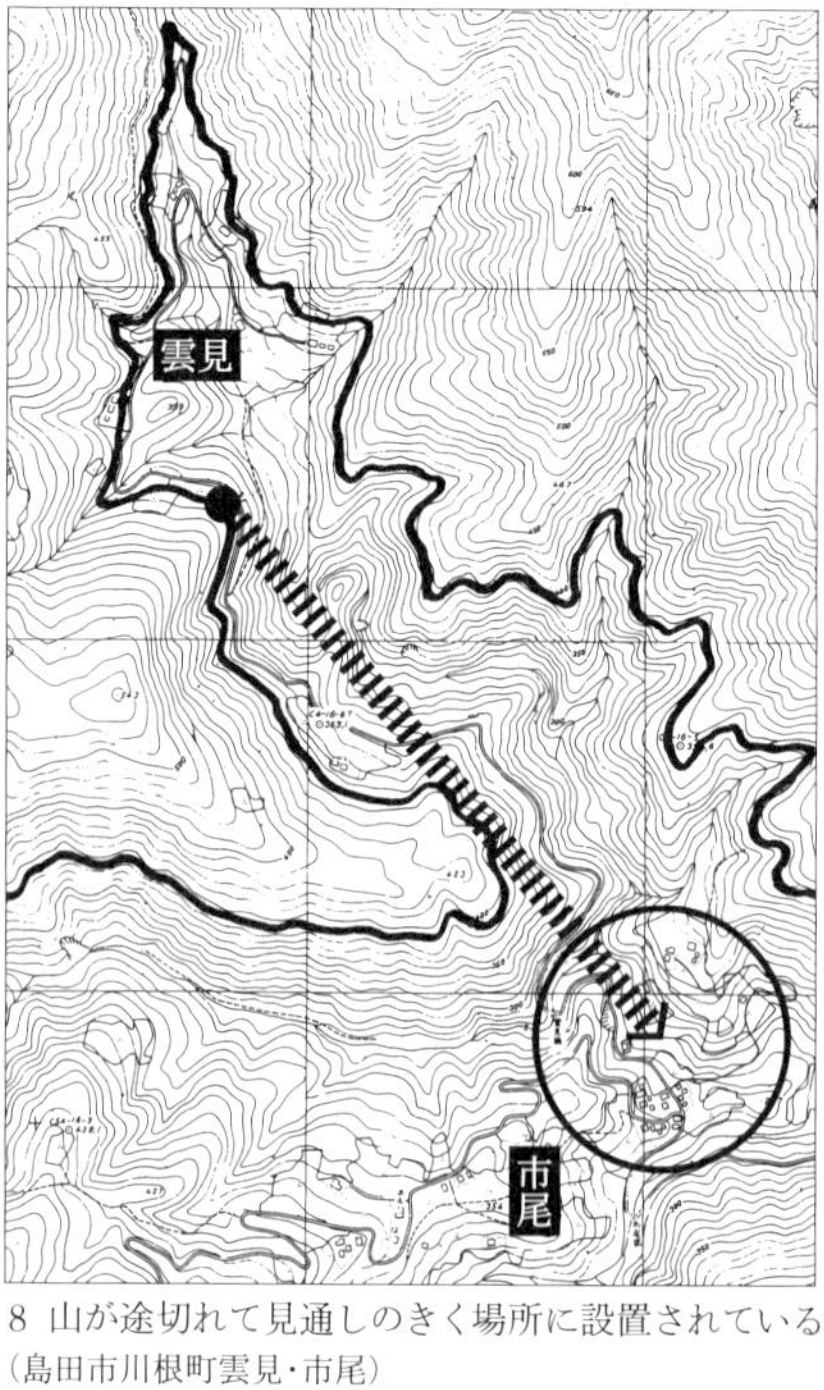

8 山が途切れて見通しのきく場所に設置されている（島田市川根町雲見・市尾）

9 樹木が成長し、うっそうとしているが、かつては市尾の集落まで見通せる場所だった（島田市川根町雲見）

界がある。だから隣接する集落にいち早く火災発生を知らせ、救援を要請しなければならない。そして山間地でもっとも恐れられている山林火災が発生したときに、それを確実に伝えなければならない。これらがこの半鐘台の役割であった。そのために集落から離れていても、より音が伝わりやすい場所を選んだのではないだろうか。

実際、集落からは、手前に尾根が迫り出しているため、遠方の見通しがまったくきかない。しかし半鐘台の位置までくると、かろうじて、もっとも近い市尾集落の方向に山が途切れている［8］。このような地理的条件から見て、音が伝わりやすく、しかもできる限り集落に近い場所がここだったのである［9］。

川根地域でのヒアリングでも、「何かこと（非常災害）が起こったら半鐘を叩いて下（川下）の人たちに助けてもらわねば」という回答があった。山間部における火の見櫓は、集落間の助け合い、人情の象徴ともいえるのではないだろうか。

場所性を読み込んで

火の見櫓は、あるべきものとしてそこに立っているように見える。そこはどこからでもよく見え、どこにいても半鐘の音がよく聞こえる場所が選ばれたはずだが、川根地域の火の見櫓を調べてみると、そのいくつかは、最初にその場所が決められたのではなく、立つ場所が幾度か変遷して現在に至ることが判明した。立つ場所が変わったのは、よく見える、よく聞こえる場所を追求した結果だということもわかった。火の見櫓の立つ場所は、集落における位置、集落をとりまく地形、隣接する集落との位置関係などを、試行錯誤しながら読み込んでいった証なのである。これもふたつの事例を挙げよう。

一 移設と再建

川根本町（旧中川根町）下長尾は、大井川の右岸、東斜面の集落である［10］。ここに火の見櫓が建てられたのは昭和の初期。傾斜する集落の中間よりやや下方であった①。高さ四メートルほどの丸太の一本柱に半鐘が吊り下げられていたという。一九三三（昭和八）年には対岸の下泉との間に橋が架けられた。

一九四三（昭和一八）年、そこから北へ一二〇メートル移設された②。戦時中の施設として対空監視哨を兼ねて四メートルほどの丸太四本柱に半鐘をつけたものだった。

終戦直後の一九四五（昭和二〇）年、再び移設され、現在地に高さ八メートルほどの丸太二本柱が建てられた③。その場所の選定にあたっては、対岸の下泉にも半鐘の音がよく聞こえる必要が議論されたそうだ。戦前より一六メー

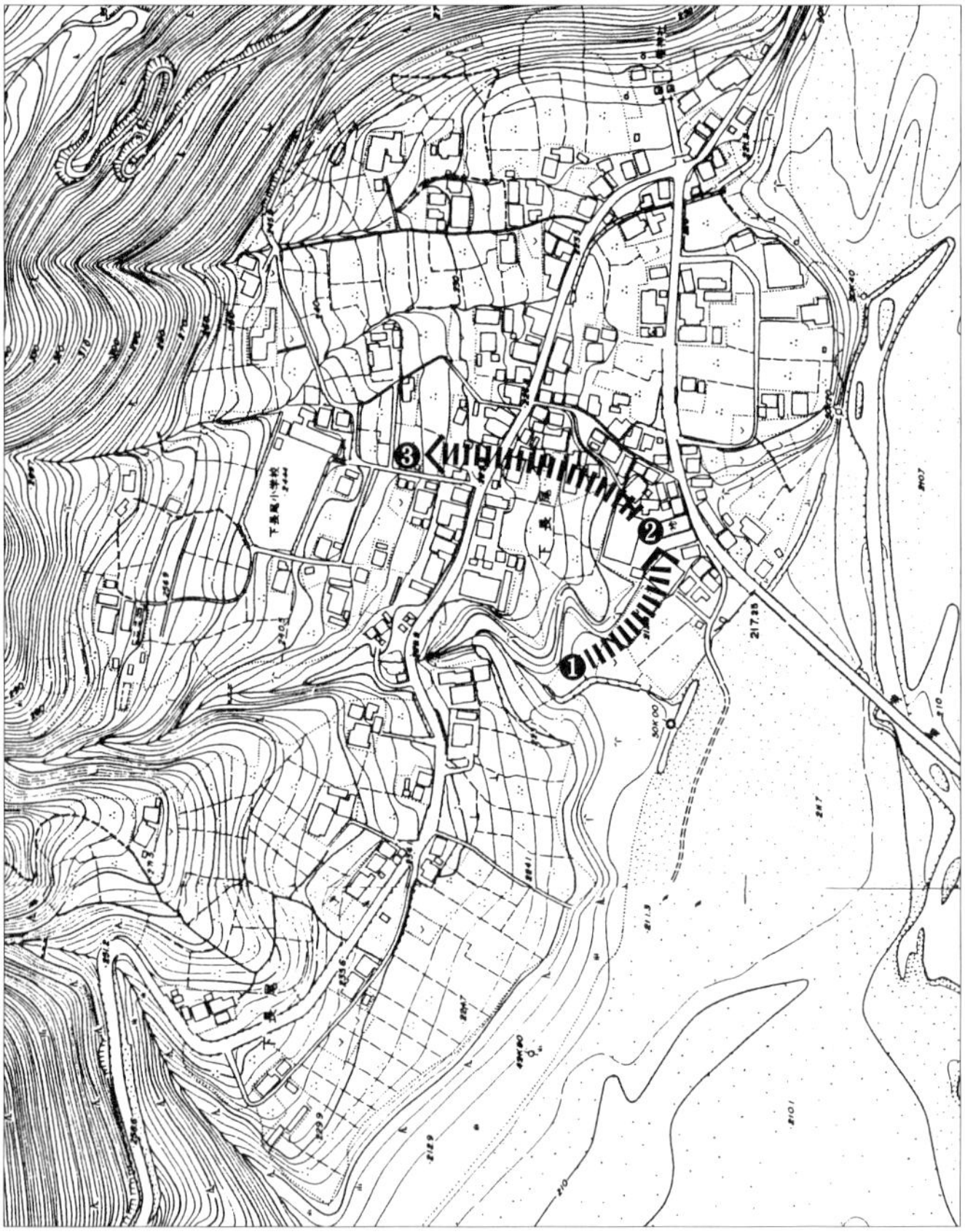
10 火の見櫓の位置の変遷(川根本町下長尾)

11 櫓の位置はその構造とともに変遷してきた(川根本町下長尾)

12 大井川をはさんで手前が下泉、対岸が下長尾の集落

トル高い場所が選ばれたのである。その五年後には高さ一二メートルほどの丸太二本柱につけ換えられた。

そして一九六二（昭和三七）年一二月から二か月かけて、現在の鉄骨造の櫓がつくられた。製作、建設は地元の山本鉄工所。これをつくるにあたり、親方は一か月半ほど浜松の鉄工所に修業に出かけたという。山本鉄工所は下長尾の櫓を製作後、立て続けに旧中川根町内の四基を手がけている。櫓の製作は近くの八幡宮の参道で行い、一面一面をつくってから、四面を現場で組み立てて建て起したという。建設費約四三万円は下長尾区の区費によった。

対岸の下泉から下長尾方向を眺めると、傾斜地に立地する集落のほぼ中央に銀色の火の見櫓が輝いて見える。長い間その場所は小学校の通学路沿いであった。一九七六（昭和五一）年に新しい小学校ができて移転するまで、下長尾小学校に通う子どもたちは火の見櫓を毎日目にしていたのである。

二　集落の履歴

川根本町と島田市の境界付近の大井川は鵜山の七曲がりと呼ばれ、はげしく蛇行している。その川に挟まれた斜面地に川根本町（旧中川根町）地名《じな》の集落がある。西向きの傾斜地で、西方が窪地になり、そこを包み込むように南北に

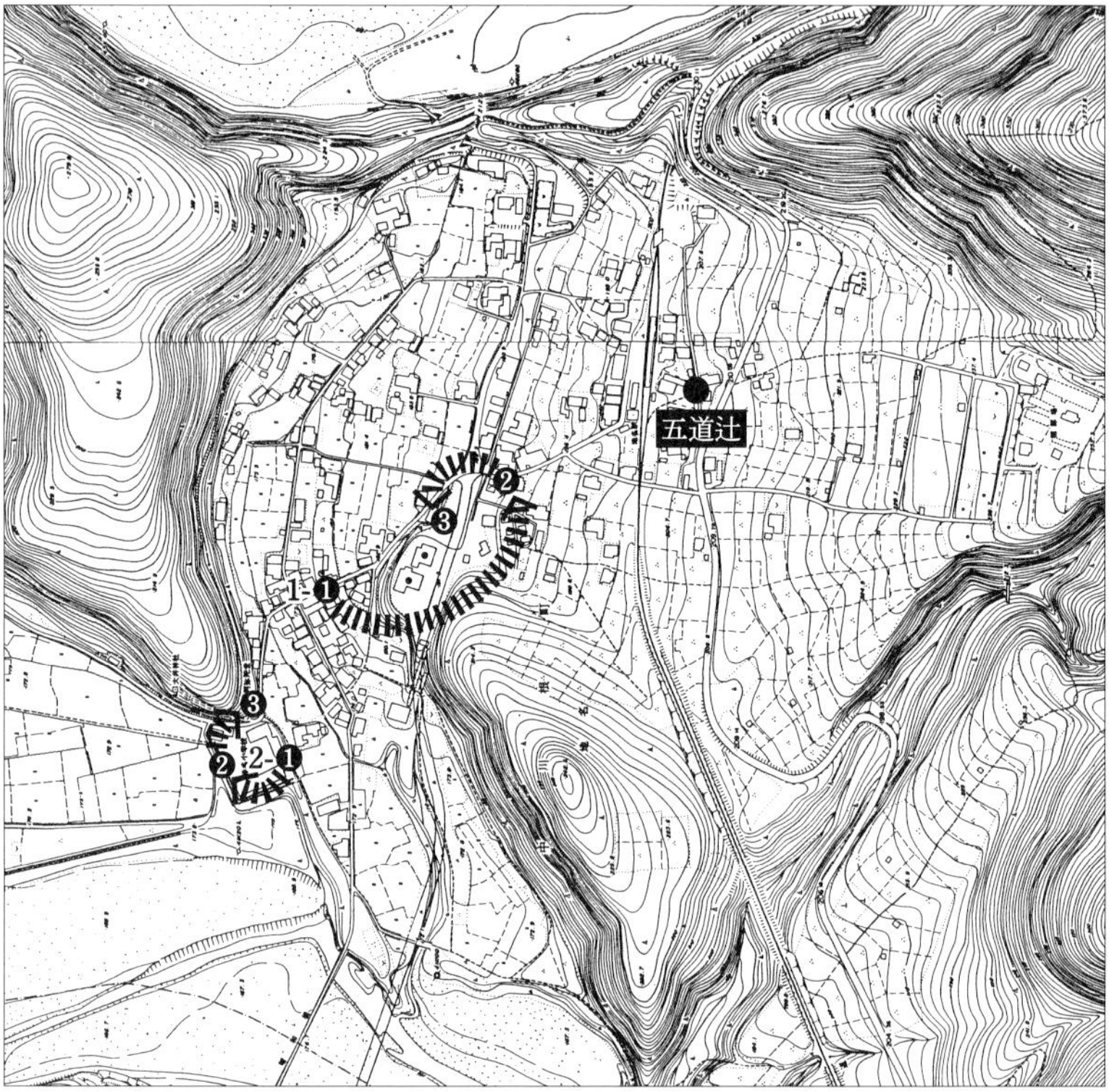

13 現存するふたつの火の見櫓の位置の変遷とかつて存在した場所(川根本町地名)

14 火の見櫓のある場所は、集落の景観構造、公共施設の位置や機能と関連している。大井神社境内の火の見櫓(川根本町地名)

15 公共施設が集まる集落の要に立つ火の見櫓(川根本町地名)

山がのび、山が南東方向に突き出た場所に大井神社がある。この山のさらに西方には西地名の集落が広がる。地名の集落は、西の窪地に沿って半楕円状にのびる街路を傘とすると、それを支えるように東方に居住域が形成されている。

地名における火の見櫓は二か所に現存するが、これらの火の見櫓は、どちらも二回ずつ移動され、三つの場所を転々としている。

ひとつは、駐在所、郵便局、公民館など公共施設が集まる集落の要に建っている。これらの施設は火の見櫓と同じく、場所を移動し現在に至っている。火の見櫓が戦前に最初に建てられた場所は、西地名へ向かう下り坂の途中で、かつてはそこに駐在所もあり、郵便局も坂を下りた十字路の一角にあった（1―①）。これは丸太三本柱に半鐘を吊るしたものであった。一方、一九六二（昭和三七）年には、鉄骨造の櫓が、集落を見渡せるより高い位置につくられた（1―②）。同時に駐在所も移動した。火の見櫓と駐在所はセットだったのである。防火だけでなく防犯、治安を目的とした半鐘の打鐘があったそうだ。そして、一九八〇（昭和五五）年に道路の拡幅で移転を余儀なくされ、駐在所から少し離れた（1―③）が、郵便局もかつてあった場所から二〇〇五（平成一七）年に火の見櫓の近くに新築移転してきた。

もうひとつの櫓は、大井神社の境内に立っている。最初に建てられたのは一九二九（昭和四）年で、地名小学校（現・地名保育園）の南東隅に鉄骨四本柱があった（2―①）。この鉄骨柱は戦争中に供出され、丸太二本柱に置き換えられた。この場所は同じ小学校の敷地内であったが、西地名の集落にも聞こえる位置が考慮され、敷地の西側に建てられたという（2―②）。そして一九六四（昭和三九）年、現在地に鉄骨造の櫓が再建された（2―③）。この地に発電所をもっていた製紙会社から送電鉄塔の払い下げを受けて、地元の鉄工所が製作したというユニークなものである。

現在は滅失しているが、ほかのふたつより高い位置に火の見櫓がもうひとつ存在した。五道辻と呼ばれる五本の路地が交わる場所に丸太一本柱、高さ四メートルほどの火の見櫓があった。これはポンプ車の購入を機に存続について話し合われ、なくしても十分安全は確保できると一九六〇（昭和三五）年に撤去された。

火の見櫓の履歴は、集落の履歴そのものである。火の見櫓の建設から、供出、再建、場所の移動といった過程は、集落の景観構造や、道路を含む関連の公共施設の位置や機能にもかかわることであり、それは人々の生活と密接に関連している。火の見櫓を調べることは、集落の過去と現在を知ることであり、それは集落の未来をも考えることにつながっていくのである。

コラム

立地の類型

最初からその場所が選ばれて建てられた櫓も、移動を経てその場所に落ち着いた櫓も、立つ場所には必然がある。火の見櫓の周辺には、場所を関係づけるものが存在する。道路、施設、自然に分けると次のようなものがある。

・道路—三叉路、辻（十字路）、橋詰め
・施設—常夜灯、祠、地蔵、神社、寺、役場、公会堂、集会所、ポンプ小屋
・自然—川、池、森、畑、高低差

これらの立地や周囲施設によって、場所は特徴づけられている。静岡県内の代表的な例を1に示す。

A—三叉路や辻…火の見櫓が立つ場所でもっとも多い。T字路、Y字路、十字路など道路が何本か交わる場所で、往来の起点、あるいは分岐点となる。そこには人が集まる施設が立地する場合が多い。

B—通り沿いのアルコーブ的あるいは小広場的な場所…通りに面して少し広い空間がある場所に立っている。

C—神社、小学校、公民館などのある広い敷地…比較的大きな施設の、敷地の一角に立っている。

D—高低差がある場所、道路から少し上がっている場所…高い場所であれば、火の見櫓の機能をより強く発揮できる。

E—河川沿い（小水路とは区別）…川沿いでは視界が開け、遠くまで見える。水防上の監視を兼ねる場合が多い。

火の見櫓の立つ場所は、このように分類できるが、道路や地形のパターンや周囲施設の組み合わせによって、それぞれ独自の場所性がかたちづくられる。火の見櫓を中心として、道、建物、木々が、ある地形に、ある距離をおいて配置されると、特別な場所の感じが現れてくる。火の見櫓のスマートな立ち姿が、周りのものをとりまとめているかのようだ。それは集落を守ってくれる場所であり、集落が守り続けてきた場所である。

火の見櫓が立つ場所に出かけると、しだいにある場所が強く感じられるようになる。その場所に近づくと、予感がするようになる。立つ場所がわかるようになったということであろう。自然の木のように、その土地に生えている火の見櫓という感覚なのだ。

さらにその場所には、地域の人々のさまざまな記憶が内在していることを強く感じる。場所には物理的な特性だけでなく、人々の意識や行動と深く結びついた社会的な特性が存在するということであろう。さまざまな要因が重なり合い、その場所にしかない特徴が現れる。火の見櫓が立っているところには、その土地の自然と社会が見えているのだ。

	立地類型	事例	立地・周囲施設	
A	辻 （十字路）	伊達方 （掛川市） 		橋詰め：滑川橋 （四隅に石銘板） 三叉路 一里塚 交番 旧役場 神社 ＊伊達方は2008年3月 解体撤去
B	通り沿い の小広場	葛籠 （島田市） 		公民館 橋詰め：葛籠橋 茶畑
C	神社など の広地	大幡 （吉田町） 		八幡神社 鳥居 老人いこいの家 児童遊園地 防災倉庫
D	高低差の ある場所	狐ヶ崎 （静岡市） 		旧東海道 石段 子安地蔵堂 自治会館
E	河川沿い	能島 （静岡市） 	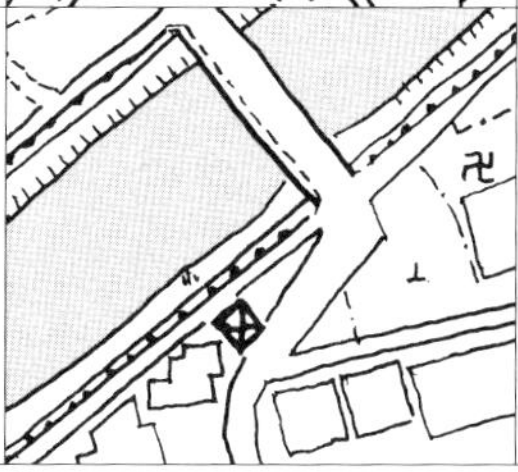	橋詰め：巴川 能島橋 消防ポンプ小屋 報恩寺 ＊能島は2008年3月 補修ペンキ塗り

1 火の見櫓の立地の5つの類型。道路、河川、社叢、公共施設などがセットのように配置されている（事例はいずれも静岡県内）

半鐘のサウンドスケープ

鳥越けい子

Intangible life creates tangible object,
tangible object certifies intangible life in them.
無形の営みは有形のものを創り、
有形のものはその中の営みを証す。

この言葉は、建築史家の前野まさる氏*によるものである。「形あるモノは、そこで何が起こっていたかを後世に伝える」といった思いが込められたこの言葉は、有形のモノが存在する意味、それらの存在意義を、私たちがどのように読み取るべきかについて、深い示唆を与えてくれる。

私は数年前に、縁あって「火の見櫓からまちづくりを考える会」(以下、火の見会)のフィールドワークに参加するようになった。そして今、この言葉ほど、「火の見櫓」と「半鐘のサウンドスケープ」(すなわち、日本独自の「音による防災システム」ならびにそれと表裏一体であるわが国の地域コミュニティとそのネットワーク)との関係を的確に、かつ豊かに表すものはないと思う。

火の見櫓の「声」

「サウンドスケープ(soundscape)」とは、「見た目の風景」に限定されがちな「ランドスケープ」に対して「音の風景」を意味する。たとえば、「まちあるき」では一般に、建物や町並みを眺めながら、つまり「観察」しながら歩く。が、このとき「音の風景」という考え方を意識すると、まちや建造物には形だけではなく、建物が発する音、通りのざわめきや喧噪がある、ということに気づくことになる。つまり、建築物や町並みには「姿」があるだけではなく「声」もある。そして、火の見櫓の「声」、それが半鐘である。

さて、「音の風景／サウンドスケープ」などというと、何か特別なもののように思われがちだが、実際の生活のなかでは逆に、見た目のかたちに気づく前に、その音に気づくことは少なくない。背後から聞こえてくる走行音から、自動車やトラックの接近に気づくのは日常茶飯事だし、バードウォッチャーたちは、鳥の鳴き声を手がかりにその姿を探すことが多い。そう考えると、火事の発生をもっぱら半鐘によって報せていたころ、人々にとって、火の見櫓の「見た目の風景」よりも、半鐘の「音風景」のほうが身近な存在ではなかったのか、とさえ思えてくる。


たとえば、1のスケッチは、大森貝塚の発見者として知られるエドワード・モースによるもの。その日彼は、隅田川に花火見物に行き、おそらく当時の東京帝国大学官舎と思われる「加賀屋敷第五番の家」に戻ってからも、同僚のドクター・マレーと遅くまで話し込んだ。その晩のいろいろな話題のひとつに「東京のまちの火事」のことがあって、ドクター・マレーと「今度火事があったら一緒に見にいこう」などと約束した。それから寝室に行き「……眠つかれずにいると、間もなく警鐘が鳴った。警鐘は高い柱の上にあって梯子がかかっている」という文章が、このスケッチとともにつづられている。

つまり、モースは暗い寝室で、まず「半鐘の音」を聞い

1 モースのスケッチによる
明治時代の東京の火事
(『日本その日その日1』(Japan Day by Day, 1917／邦訳1970年、平凡社))

た。その音に気づいたからこそ家の外に出て、火事の見物に行き、男が火の見櫓の上に吊るされた半鐘を叩《たた》く様子を見た。

このように「火の見櫓」という「姿」に対して、「半鐘の音」はその「声」。そして「半鐘を叩く場所が火の見櫓だった」という、ごく「当たり前のこと」でありながら、半鐘の音が消えて久しい二一世紀の音風景を生きる私たちがともするると忘れがちな事実を、このモースのスケッチと文章は、私たちにいきいきと伝えてくれる。

半鐘との出会い

私が「火の見櫓の生の声」を初めて聞いたのは、二〇〇三年二月八日、大井川鐵道下泉駅から乗ったマイクロバスの窓を開けたとき。火の見会の塩見寛さんの依頼で参加した「火の見櫓サミット.in 榛北」の会場（中川根町［現川根本町］山村開発センター）に向かう途中のことだった。そのとき、サミット開催を告げる「愛郷の鐘」が、近隣の集落で一斉に鳴らされていて、その音が外気とともに車内に流れ込んできたのである。

半鐘は本来「火災等の非常を告げる音」である。が、「愛郷の鐘」とはその半鐘が、「非常時」ではなく「通常時」に「火の用心」の意味で鳴らされる際の特定の打ち方である（カバー裏表紙参照）。しかし、当日私が耳にした鐘の音は、火の見櫓をテーマにしたイベント開催を告げるためのものだったのだから、通常の「火の用心の鐘」とも違うものだった。

それはつまり「火の見櫓を新たな地域づくりのランドマークとして、文化遺産としての修復保存、観光資源としての活用、さらに防災意識高揚のための施設としての活用などについて話し合う」火の見櫓サミットの開会宣言のために鳴らされた、「半鐘のサウンドスケープ史」においては極めて特殊な情況で鳴らされたもの。でありながら、その土地ならではの行事をリアルタイムで、住民を含めその日その土地に集う人々に広く報せ、かつ祝うという「その土地の生きたサウンドスケープ」として成立した音だったのである。

私はそれまで、「半鐘の音」をCDなどのメディアや、郷土博物館でのデモンストレーションを通じて聞いたことはあっても、現実のまちのなかに出現するのを耳にしたことはなかった。「火の見櫓と半鐘」は私にとって、「江戸・明治のもの」といったイメージが強く、どこか遠い存在だった。

しかしその日、参加したサミットで、火の見櫓が建設された最盛期が、全国的には昭和三〇年代だったことを知った。私は、昭和三〇年生まれ。もし私が大井川沿いのどこかの町で生まれていたとすれば、必ずや体験することができたはずの半鐘の音……その世界にも類を見ない、日本が誇る「音の文化資源」を体験する機会を、東京で生まれ育ったせいで逃したこと知り、とても残念に思った。

このような経緯から、私はその後、「半鐘のサウンドスケープ」の実態を理解すべく、火の見会の調査に参加することになった。

半鐘と櫓の関係

火の見櫓の「声」のことばかり考えていた私が、火の見会の調査に同行するようになって、まず感心したのは、会のメンバーがその「姿形」について、実に綿密な観察をしているということだった。特定の火の見櫓のところに行くと、その作業は、屋根とその上の飾り、見張台や欄干、櫓や梯子、土台の据え方について、その形や構造は言うまでもなく、ネジの素材や留め方にまで及ぶ。

また、火の見会のメンバーが、初めて訪れる集落でも「あのあたりにあるはず……」と、火の見櫓の地点について当たりをつける能力を獲得していることには、驚きかつ感銘を受けた。なぜなら私の場合、「ホラあそこに火の見櫓が……」と言われても、当初はその姿がなかなか目に入ってこなかったからである。

けれども、何度か調査に同行しているうちに、火の見櫓の見つけかた、その観察のしかた、さらには予測のつけかたなどを、私も少しずつ体得していったようだ。というのも、今では、サウンドスケープ調査のためにすでに訪れた

2 櫓や梯子に上らず、地上で叩ける半鐘
（左：南伊豆町上小野別当／右：本川根町東藤川）

場所にひとりで行くようなときに、それまでまったく気づかなかった火の見櫓を見つけたり、通勤の際にふと、こんな場所に火の見櫓があったのではないか、などと思ったりするからである。そうなると私のなかにも「半鐘は櫓にどのように取り付けられているのか」といった、「ハード面」からの興味がわいてきた。

先に、モースによるスケッチに関連して、櫓を「半鐘を叩く場所」と位置づけた。が、さらに「半鐘を吊るための装置」として位置づけることも可能だ、と思わせる事例が、2である。いずれも、地上でそのまま半鐘を叩くことができるもので、「火の見」にはあまり関係ないように思われる。が、火の見会はこのような構造物も「火の見櫓の一種」と位置づけているという(19頁参照)。

ちなみに「火の見櫓」という名称からは、「火を見る」という視覚的なイメージが先立つので、私ははじめ「見張台だけの火の見櫓」もあるのかと思っていた。が、逆に、そのような例はないようで、火の見会がその調査対象としている櫓は、そのかたちは千変万化でも「必ず共通しているのは半鐘の存在」、さらには「半鐘は火の見櫓の心臓」というのが火の見会の位置づけなのである。

そうなると、「半鐘が櫓にどのように取り付けられているのか」という、「半鐘を中心とした火の見櫓の形状」に関する分析も、それなりの意味があるだろう。ということで、改めてその関係を簡単に整理すると次のようになる。

まず火の見会が確認した火の見櫓で最も事例の多い「櫓型」の場合、半鐘は基本的に「屋根の真下」についている。さまざまな形状の屋根の下で、大切に守られた半鐘は、まさに「火の見櫓の心臓」であり「火の見櫓の顔」のように見える[3]。この場合、見張台の床が、ちょうど半鐘を叩

3 半鐘は火の見櫓の心臓
(島田市抜里)

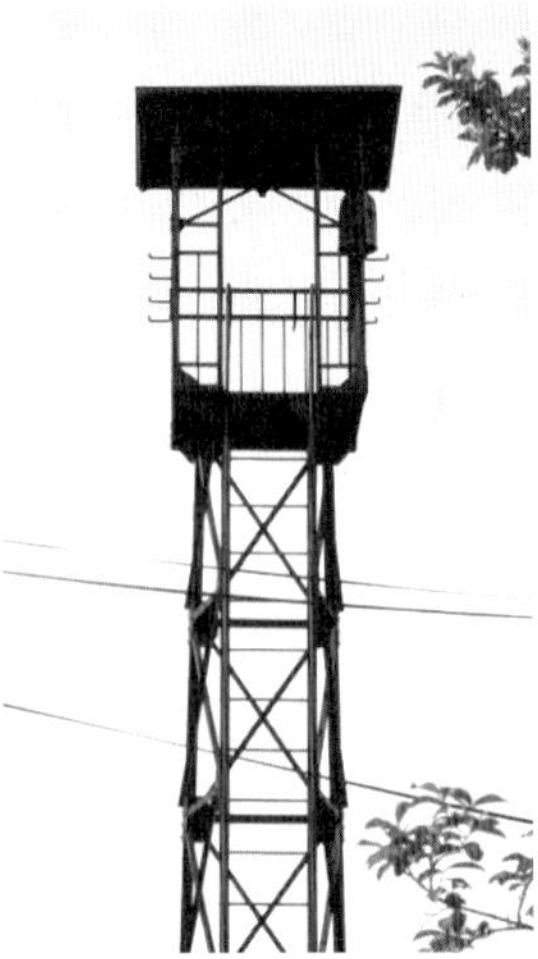

4 櫓の中心からずれた半鐘
(京都市伏見区竹田)

5 江戸時代の定火消屋敷の櫓。1人は太鼓、もう1人は紐で地上の番所に合図

6 明治時代の消防屯所と火の見櫓
（5、6ともに藪内喜一郎監修『写真図説 日本消防史』国書刊行会、1984年）

くための「立ち位置レベル」についているので、比較的容易に半鐘を叩くことができると思われる[**]。また、このタイプのバリエーションとして、半鐘が櫓の中心ではなく、見張台の端に吊られているものもある［4］。

ちなみに、5の火の見櫓は、江戸時代の定火消屋敷のもの。木製の大きな櫓上部の見張台の面積は、現代見られるものに比べてずっと広い。見張台の中央には太鼓を設置し、半鐘のほうは見張台天井の中央ではなく、屋根の軒先に当たる場所から吊り下げられている。これは、見張台の端に立って、周囲を眺めながら半鐘を打つためにも、その音が少しでもよく聞こえるためにも、ごく自然な位置であると思われる。このような火の見櫓から考えると、現在の火の見櫓の多くが、その屋根の真下に半鐘がついているのは、見張台の床面積が非常に狭いからであるようにも思えてくる。

いずれにせよ、こうした定火消屋敷の場合、火の見櫓の「声」という観点からは、太鼓と半鐘という複数の声を備えていたといえる。また、定火消屋敷では「火事を発見すると、二本の紐《ひも》の操作で一本は主人の枕元の鈴、一本は人足部屋の鳴子が響く仕掛けになっていた」という。

一方、「梯子型」の場合、例えば7のように、先端の梯子が支柱から横に突き出て、そこに半鐘が吊り下げられる。

7 半鐘が支柱から突き出た梯子型の櫓
（静岡市葵区郷島／現存せず）

8 半鐘の周辺に取り付けられた
ホーンスピーカー（静岡市清水区鳥坂）

モースがスケッチした火の見櫓の場合には、同じ梯子型でも、半鐘を吊るす部分と梯子とが、それぞれ独立した別の構造物となっている。いずれも、見張台がないので、片方の手で梯子を握って身体を支えながら、もう一方の手で半鐘を叩かなければならない。その意味では、半鐘を鳴らすためには「櫓型」に比べて、ずっと多くの体力と緊張感を要する。

ところで、全国の市町村に「同報無線」が導入されて以来、火の見櫓の「半鐘」のすぐそばに「ホーンスピーカー」が取りつけられたり［8］、「半鐘」が取り外され「ホーンスピーカー」に置き換えられたものもある。また9は、半鐘を完全に取り外さず、梯子の途中に移動した例である。

こうした情況を火の見櫓の「声」という観点から考察すると、「ホーンスピーカーからの音」という新たな声を獲得した火の見櫓には、「半鐘の音」というかつての声を失ったものと、それをまだ残している（すなわち「二種類の声」が出るようになった）ものとがある、ともいえよう。

いずれにせよ、火の見会の調査に同行して感じたのは、さまざまな形状の屋根とその下の半鐘を「火の見櫓の顔」と見なす火の見会が、こうした事例をネガティヴに評価しているということである。なぜなら火の見櫓に設置されたスピーカーを見て、代表の塩見さんが「（人の顔でいうと）ひ

9 半鐘を取り外さず梯子の途中に移動した櫓
（左：川根本町徳山／右：静岡市清水区能島）

どい整形外科手術をされてしまったようで痛々しい」「見られたものではない」などとつぶやくのを何度か聞いたからである。

では、ホーンスピーカーと火の見櫓との関係はどうあるべきなのかと尋ねてみたところ、10のように、火の見櫓と半鐘とは関係のない構造物によって導入されるべきだというのが塩見さんの見解だった。後に述べるように、同報無線が「行政の管轄」であるのに対して、半鐘はあくまでも「住民の（自主的な）管理運営」の対象であることを踏まえると、こうした考え方には、たんに「火の見櫓の見た目の風景」を超えて、ある種の正当性があるといえる。

一方、構造的には独立した別個の存在であっても、同報無線用のホーンスピーカーがほとんど例外なく、火の見櫓のある（あった）場所に設置されているという事実は、火の見櫓の立つ地点が、その半鐘の音が集落全体に聞こえるよう周到に選ばれている（56〜59頁参照）ということも含めて、集落の音風景全体における半鐘の音の歴史的な役割（と同時に、その集落における半鐘を設置した地点の地理的役割）の重要性を示すものとして興味深い。

10 火の見櫓から独立して併設されたホーンスピーカー（川根本町久保尾）

サウンドスケープ研究

このように「半鐘のサウンドスケープ」については、火の見櫓の姿やかたちからも、いろいろな考察を加えることができる。が、そのサウンドスケープの実態に迫るためにはやはり、半鐘の音が実際にどのように打たれ、どのように聞かれてきたのかを明らかにする必要がある。というのは、「サウンドスケープ」という用語は、専門的には次のように定義されているからである。

サウンドスケープ［soundscape］
個人、あるいは特定の社会がどのように知覚し、理解しているかに強調点の置かれた音の環境。したがって、サウンドスケープはその個人がそうした環境とどのような関係を取り結んでいるかによって規定される。***

つまり「サウンドスケープ研究」とは、たんなる「音（あるいは音源）の研究」ではなく、「特定の音（および音風景）とそれを体験する人間（およびその人が属する社会）との関係についての研究」なのである。

したがって、火の見会に同行しながら「半鐘のサウンドスケープ」をテーマにした調査を通じて、私が最終的に明らかにしたかったのは、この川根の土地に暮らす人々が日々の暮らしのなかで半鐘の音とどのような関係を取り結んでいるのか、「川根というフィールドにおける半鐘の音と暮らす人々との関係性」である。そうした研究が、音源（装置）としての半鐘そのものについての理解を含むのはいうまでもない。が、「半鐘のサウンドスケープ」とは、半鐘の音が物理的に成立しているだけではなく、それが特定の土地の音響コミュニケーションのシステムのなかで成立している情況を意味するのは重要な点である。

そのため、火の見櫓サミット直後の二〇〇三年九月に、さらに五年後の二〇〇八年四月と五月、火の見会の調査に同行した折、火の見櫓の調査の一部として、川根地域のいくつかの集落で、そこに暮らす人々を対象に、実際にどのように半鐘を叩き、その音をどのように聞いてきたのかをテーマに、聞き取り調査を行った。

まず二〇〇三年の調査では、二日間（九月六日、七日）にわたり、中川根町（現川根本町）を中心とする地域のいくつかの半鐘を観察したのと同時に、六人の地元の方々にお話をうかがうことになった。****次に、川根町塩本、雲見、市尾、抜里《ぬくり》と、中川根町下長尾、久保尾でいくつかの半鐘とその設置方法をはじめとする周囲の情況を観察すると同時に、初回の調査内容を一部確認するような形で、「半鐘のサウンドスケープ調査」を、二〇〇八年には四月（一二日）と五月（一七日、一八日）の二回にわたり行った。*****

こうした聞き取り調査を通じて、確認することのできた「半鐘のサウンドスケープ」に関する事柄には、じつに多様なものがあった。が、なかでもその主要な内容は、次のようにまとめることができる。

一　半鐘の音は、集落内の人に火災をはじめとする危険を報せるための音であると同時に、集落の外に救援を要請する音でもある。その意味で、集落内の人々をつなぐ音であると同時に、当該の集落を外の集落とつなぐ音でもある。

二　半鐘の音は集落のアイデンティティともなっていて、新しい半鐘をつくるとき、隣の集落よりもいい音色のものをつくろうとした。

三　「同報無線」の導入等のため、「半鐘のサウンドスケープ」は以前に比べて弱体化しているが、その音の記憶は地元の人々の身体に刻まれ、今なお確かな感覚として生きている。

これらの事柄は、実際の調査のなかでどのように語られたのか。その一端を紹介しながら、半鐘のサウンドスケープの内容について解説していきたい。

集落内の出火を告げる半鐘の音

今回の聞き取り調査で確認されたのはまず、その鐘が自分の集落のものなのかそうでないのか、さらにその打ち方（「近火」を報せる「連打」なのか、「招集」を報せる「一点三点」なのか）によって、またその鐘を聞く人の立場（消防団員なのか否か）などによって、その音がもたらす情報（すなわち、その音を聞いたうえでの人々の反応）はさまざまに異なるということだった。

「実際に半鐘の音を聞いたときのことを話してください」という私の質問に対して、ヒアリングに応じてくださった方々の多くは、それぞれの人生における半鐘の音に関するさまざまな記憶を語ってくださった。

まず「集落内での出火を告げる半鐘の音」として、一九五八（昭和三三）年に中川根町の地名《じな》地区で起きた火災に関連して、酒井政一さんは次のようなことを語った。これは、夜中の一二時すぎに、「（中村屋からの出火を報せる）半鐘を聞いて飛び起きたおふくろに起こされた」という酒井さんが、急いで法被《はっぴ》を着て飛び出していったというときの話である。

（私が）分団長をしていたころ、堀井という家のおやじさんが、昔の弁慶柄の浴衣（寝間着）を着て、木造の三本柱にかけた梯子（当時の火の見櫓）の途中で片手で柱をつかんで、熱風であおられて浴衣の裾を翻《ひるがえ》しながら、必死の形相で叩いていた。顔も炎に照らされてよく見えたんで、ああ藤吾さんが叩いてるってわかった。一生懸命半鐘を叩いているもんだで、途中で会った下から上がってくる若い衆に「お前、代わって叩け！」って言って******……

ここに響いている半鐘は、「近火」を告げる「連打」、いわゆる「すりばん」である。その音に、酒井家で最初に気づいた「母親」が家族を起こし、消防の分団長だった政一氏は急いで法被を着て（火事場をめざして）飛び出して行った様子が、緊迫感をもって語られている。このことから、集落内での出火に気づいた人は消防団員であろうとなかろうと、誰でも（この場合は「堀井のおやじさん」）が半鐘を叩くことがあったこと、その音を聞いた集落の人々は、それぞれの立場からの「しかるべき行動」に迅速に移る、といった半鐘の音を中心とするコミュニケーション・システムが成立していたことを理解することができる。

一方、「半鐘が鳴っていちばん怖かったのは、火事のときより戦争のとき。あのころはこんな田舎でも艦載機、グラマンが来た。（昭和）一九年の五月ごろから頻繁になり、二〇年になると毎日のようにやってきて、半鐘が間に合わないほどだった」と語ったのは、抜里の天野欽二さん。こうした発言から「半鐘の音が報せる危険」が空襲や洪水など「火事以外の災害」の場合もあったことを確認することができた。

このように、ひと口に「半鐘の音」といっても、誰がどこで、どのような情況で鳴らしたのか、聞いたのか、またそれはどこの鐘なのかによって、その内容にはさまざまなものがある。

地域をつなぐ半鐘の音

（夜中の一二時ごろに）郵便局の泊まりの電話交換手が気をきかせて（私が）分団長だもんで電話をくれて、法被を持って飛び出した。そのときには自分で半鐘を叩いてね。ともかく、頭数を一〇人集めなきゃ出れんもんで。……地名のポンプが（家山の近くの）笹間渡《ささまど》より早く、いちばんに着いた。

こう誇らしげに語ったのは、地名の酒井さん。一九六〇（昭和三五）年の「家山の大火」のときのことである。

そのときに酒井さんが打ったのは地名の消防団員に「招集」を報せる「一点三点」。その「招集の鐘」には、少しでも早く出発のための定則人数を集めたいという思いが込められていたのは明らかである。地名の消防団員は、その音にすばやく反応し、集合した。結果その夜、三駅も離れた家山《いえやま》への消火の応援には、家山からその半分ほどの距離の笹間渡の消防団よりも早くに到着することができたのである。

この場合、火事の危険が迫っていたのは、地名ではなく家山。その家山に救援に行くため、「招集の鐘」が地名の人々に向けて打たれた。が、その鐘はさらに、葛籠《つづら》や久野脇《くのわき》といったその周囲の集落にとって、家山での出火を報せる鐘として機能していたと思われる。

　このように「半鐘の音」が集落内の人々の動きを、その半鐘が位置する集落の範囲内にとどまらず、ほかの集落の救援先へと向かわせる場合もある。このエピソードでは、家山での火事について、酒井さんが家にかかってきた電話でその情報を得ているが、電話が普及する以前には、家山での出火という情報を、地名の集落に伝えるのは、家山およびその周辺の（地名以外の）集落において鳴らされる「半鐘の音」だった。

　この点に関連して抜里の天野欽二さんは次のように語った。

　どっかで火事があれば、必ず向かい村で半鐘があったり、こっちで先になりゃ、こっちの近くが火事だと思うし、向こうで鳴りゃ、ああ身成《みなり》のほうが火事だから、ほいじゃみんな出ていかんなりゃんなあ、って言ったり。

　ここから、抜里では遠くの半鐘がいくつか聞こえ、聞こえてくる方角や順番、さらには音色によって、それがどの集落からのものであるか、はっきりと判断することができたことがわかる（各地域の名称は54頁参照）。半鐘の音はこのように、特定の集落とその周辺の集落とを結ぶ音、この地域に存在する複数の集落間のコミュニケーション・ネットワークを担っていた。ということは、こうした半鐘のサウンドスケープそのものが、この大井川中流域の川根地域の相互に依存し合う集落間の関係、それによって支えられる地域文化そのものを意味するといえるのである。

半鐘の音の質的評価

天野さんはまた「笹間渡の半鐘は木を叩いているようだと言ったりもした」と語っている。この地域の多くの火の見櫓をつくっていた山本鉄工でのヒアリングでは「集落ごとに半鐘の音色について競い合った。隣の集落のものより、いい音が出るよう、とても音を大事にした」とのコメントが得られた。ここではさらに「半鐘の音のよさはどこで判断しましたか?」との質問には、「音の響きや余韻で」との答えがあった。こうしたことから、半鐘の音は集落のアイデンティティともなっていて、新しい半鐘をつくるとき、隣の集落よりもいい音色のものをつくろうとしたということがわかった。

　このような「半鐘の音の質的評価」にかかわるものとしては、他にもさまざまなテーマに関するコメントを、山本鉄工で入手することができた。それはまず、音源としての半鐘には大別して、二種類のものがあり、銅を主成分とする合金の鋳物、一般に「唐鐘／からかね」と呼ぶ従来型の半鐘と、多くの場合銀色の錆び止めを塗った、ツルっとした鉄製の（カネと呼ぶ）半鐘。音は前者のほうが、響きがよくすぐれている。

梵鐘でいえば「撞木」に当たる、半鐘を打つ棒の形態にもいろいろあるが、部材が分かれていない「一体型」よりも頭部と柄で組み合わされた木槌《きづち》のほうが音はよく、素材としてはシュロの木がいちばんいい。また、半鐘の「叩き方」にも上手、下手があり、「今日は誰が叩いたから下手、誰はやはり上手」「なんだ、あの叩き方は」などと、批評した。基本的には「秒数にはあまりこだわらず、何の合図か分かりやすく叩くのがいい」といったものだった。

身体化された半鐘の音

先の「招集の鐘」について、「実際にどのように叩いたのか、この場で口で再現していただけないか」という私の要望に、地名の酒井さんは実に誠実に応えてくださった。「消防信号」（カバー裏表紙参照）を示し「ここに一応秒数が書いてはあるけれど、焦っていたからまた違うかもしれんな」また「半鐘によって響きの長いのとそうじゃないのがあるから……」と言いながら、デモンストレーションとして「一点三点」のテンポや間隔を「ターン……ターン、ターン、ターン」と言いながら、机をこぶしで叩くその様子は非常に力強く、真に迫ったものだった。

一方、抜里の天野さんは、地域外から聞こえてくる「ほかの集落の半鐘の音」について、「夜の半鐘は、寂しいっていうか、ここらへんが逆立っていうかさ、そういうような感じのする半鐘だ」と、首の横や後ろに手をやりながら語った。また「（遠くの半鐘の音を聞いて）首筋がザワザワした」という表現も使いながら、そうした感覚とともに「夜の半鐘の音」を思い出している様子だった。つまり、その特定の半鐘の音を実際に聞いたときの感覚が天野さんの身体のなかに深く刷り込まれていて、その音を思い出すと今でも、その感覚が身体によみがえってくるようだった。こうした「半鐘の音の身体化」は、先の「招集の鐘の叩き方」を再現する酒井さんにおいても同様に確認することができた。

このようなことから「半鐘の音を聞いたとき／叩いたときの記憶は、それぞれの半鐘のサウンドスケープを生きた人々の身体のなかで今なおリアルな感覚として生きている」ということができる。

以上、「半鐘のサウンドスケープ」のおもな内容を考察してきたが、ほかにも、集落における火の見櫓の位置や数が変化した理由のひとつは「半鐘の音の聞こえた方」だったということがあるが、この点に関しては、前節を参照されたい。

いずれにせよ、これら半鐘のサウンドスケープの内容とそれに関連するこうした事柄は、この地域に暮らす人々と半鐘の音との間の分かち難い関係を示している。と同時にそれらは、これらの集落で形成されていた半鐘のサウンドスケープと、その表裏一体にある自らのコミュニティとその周囲のコミュニティの安全への思いが、いかに強く深いものであったかを示すものである。

わが国では、江戸から昭和の時代にかけて、人々の命や暮らしを守ろうとする日々の営み（intangible life）と、その象徴としての半鐘のサウンドスケープが、「火の見櫓」という「有形の遺産（tangible object）」を生んだ。そして「半鐘の音」が聞かれなくなった今、火の見櫓のかたちが、かつてそこに「半鐘の音によるコミュニティ・システム」が確かに存在していたことを証明している。

地域の「安全・安心」が改めて求められている今、火の見櫓を日々の暮らしに生かすためにはまず、「火の用心の拍子木」のような意味で鳴らされていた「愛郷の鐘」を、半鐘で撞くことから始めてみるのも一案かもしれない。火の見櫓という「有形の遺産」は、人々の命や生活を聞きとろうとする心をこれからの社会にいきいきとつなげていくため、私たちにさまざまな手がかりを提供している。

* 前野まさる氏は東京藝術大学名誉教授で、文化遺産保護にかかわる国際的な非政府組織「国際記念物遺跡会議（ICOMOS/International Council on Monuments and Sites）」の日本国内委員会、日本イコモスの委員長を二〇〇一年から二〇〇九年まで務められた。

** 一方、「風が吹くと多少じゃなくて、なかなか揺れる」というのは、抜里の天野欽二さんによる証言。こうしたコメントを通じ、火の見櫓はその構造にもよろうが、簡易なものであればその上部はけっこう揺れると思われる。

*** B. Truax, ed., A Handbook for Acoustic Ecology, p.126, Vancouver, A. R.C.Publication, 1978

**** 地名の酒井政一さん、水川の鈴木貢さん、小井平の小川与平さんと食堂のご主人、下長尾の高畑麻照さんと山本鉄工さん。

***** 大橋敏明さん宅のおばあさま（雲見）、抜里の天野欽二さんは初めて、地名の酒井政一さん、下長尾の山本鉄工さん（山本美津江さんと藤田武守さん）を再度お訪ねした。

****** この話は、初回のヒアリング時に酒井さんによって語られた同じエピソードを、五年後に再訪した二度目のヒアリングのときにも、改めて語っていただき、その記録をわかりやすく編集したもので、引用文における括弧内で言葉も基本的に酒井氏自身が実際に語った言葉を用いている。以降、ほかの引用も同様である。

******* 火の見櫓がまだ盛んにつくられていた昭和三五年という時期に、火災をめぐる「半鐘のサウンドスケープ」の弱体化の兆しを示すものとしても興味深い。

コラム

見直される半鐘

半鐘の存在が見直されている。

茨城県北茨城市は二〇〇四年度から二年計画で、津波警報を知らせる半鐘を海岸沿いの高台に設置した。当市は約一八キロメートルの海岸線があり、海沿いに約五二〇〇戸がある。また大津・平潟などの観光地に年間一〇〇万人の観光客が訪れている。もし地震が発生し津波の危険がある場合、確実に情報伝達しなければならない。

このため、市では当初、最新機器を使った防災無線の整備を計画していたが、設置には一億五〇〇〇万円が必要なほか、年間五〇〇万円の維持費がかかる。そこで着目したのが半鐘である。設置費用は約一六〇〇万円と抑えられ、また電源の確保が必要ないから維持費はなしと考えてよい。何よりも肝心の災害時に確実に使える。

半鐘は六〇〇〜八〇〇メートルおきに二四か所（うち二か所は既設）設置された。直径三〇センチメートル、高さ四〇センチメートル、重さ二〇キログラムの青銅製。音は三〇〇〜五〇〇メ

1 海岸沿いに一定の間隔で設置された半鐘
（茨城県北茨城市／撮影：網代守男）

2 アナログだが確実に津波の危険を知らせる半鐘
（徳島県鳴門市／提供：黒浦町自主防災会連合会 松下恭司）

ートルの範囲に届くといわれる。半鐘一基につき消防団員と市職員あわせて三人が〝警鐘員〟として登録されている。毎年九月一日の防災の日の前後に打鐘の訓練が実施され、経過時間やどこまで聞こえるかが検証されている。

徳島県鳴門市でも、二〇〇六年から半鐘による津波警報の伝達訓練と避難訓練が実施されている。

鳴門市里浦町は海と川に囲まれ、サツマイモの鳴門金時の産地として砂地の畑が広がるのどかな田園である。しかし海抜ゼロメートル地帯が続き、地震が起きると津波被害を受けやすい地域だといわれている。阪神・淡路大震災以降、毎年一月一七日前後に自主防災組織による訓練が行われているが、二〇〇五年の訓練後に、「防災無線のスピーカーは音が割れる」「聞こえない、聞き取りにくいところがある」という意見があった。「昔の半鐘はよく聞こえよったなあ」という声があがって半鐘を使うことになったという。

鳴門市では一九八一年に防災無線に切り替えられ、市内のすべての半鐘が撤去、処分されたという。それでもどこかにあるはずだと探し求めていたところ、消防本部の物置きの隅にかろうじて四個が眠っていた。三階建ての農協本所と支所の屋上に二か所、二階建ての民家の屋上に二か所を設置した。二〇〇六年から毎年打鐘し、伝達と避難の訓練を実施している。風向きや建物によって聞こえる範囲が限られることもわかり、半鐘の音の効果を検証し、設置場所や増設も検討されている。

半鐘は、子どもたちにとっては初めて見るもの聞くもので物珍しさがある。テレビや新聞などでも取り上げられて、防災に対する意識は確実に高まってきているという。半鐘を鳴らす訓練は年に一回だが、「半鐘が鳴ったら津波だ！」という意識を定着させたいという。

火事を知らせた半鐘の音が、時代を超えて、津波に対する避難の合図として復活しようとしている。

コラム

子どもたちの目

［静岡県知事賞］
滝このみさん（中川根南部小学校5年）
火の見櫓を大きく主人公にしながら、いろいろな楽しい光景が描かれている。田んぼに水鏡で顔を写している子、草の上にシートを敷いてままごとをする子、犬と遊ぶ子、猫に餌をやる子、じょうろで花に水をやるお母さん、農作業に行くおじいさん、じつに豊かに描き込んでいる。「地域を見つめる安全遺産」「「火の見単位」という安心」をそのまま絵にしたようだ

［川根町長賞］
中屋明子さん（川根小学校6年）
夜空の下の火の見櫓。本当に見たことがあるからこそ描ける絵だろう。構図も実地に即して正確。アングルがつくる空間性もよく表現されている。夜なのに色彩も豊かで、かつ抑制もきいている

静岡県川根本町では火災予防週間などに半鐘を打っている。二〇〇三年に「火の見櫓サミット」が開かれたときに、地域（当時の金谷町、川根町、中川根町、本川根町）の小学生たちが、火の見櫓の絵を描いてくれた。

児童たちはじつによく観察している。多くの火の見櫓が近くにあり、毎日目にして、実際に使われているところだからこそであろう。家族や近所のおじさんなどが消防団員で、子どもたちにとっても、火の見櫓は身近な存在なのだ（学校と学年は二〇〇三年時点）。

［本川根町長賞］
海野麻子さん（南小学校6年）
カーブミラーに映るターンバックルつきの櫓。ちゃんと凸面の歪みも描いてある。背景の山が切れているところも火の見櫓を引き立てて、画面の切り方もうまい

［中川根町長賞］
勝山幸代さん（中川根南部小学校6年）
半鐘を鳴らす消防団と、橋を渡る消防車。細かく消防車のポンプ操作盤を描いている。半鐘を叩く姿勢にも臨場感がある。櫓の縦長と橋の横長が画面を切って、山を背景に奥の集落が囲われる構図は秀逸

［消防科学総合センター賞］
川畑真耶さん（中川根南部小学校6年）
火の見櫓の目の前で火事が起きている。大変だ

［大井川鐵道社長賞］
栗田佳樹さん（中川根南部小学校5年）
火の見櫓を見下ろす、という想像力に脱帽。プレートやリベットまでよく表現している。くわえたばこのあんちゃんが見上げているのがご愛敬

3 手仕事のエンジニヤリング

静岡県森町三倉の火の見櫓設計図

1 前ページの設計図の実物（静岡県森町三倉）
図面に「GBF-10型（A）」とあることから標準設計の存在をうかがわせる（35頁参照）

手仕事のタイポロジー

いくつもの火の見櫓を詳細に見てみると、何がわかるだろうか。

静岡県森町は、二〇〇五年に周辺の市町村が相次いで合併したにもかかわらず、静岡県西部で平成の合併に参加しなかった唯一の町である。現在の森町は、一九五五（昭和三〇）年に旧森町、天方村、一宮村、園田村、飯田村が、翌年に三倉村が合併してできた。「火の見櫓からまちづくりを考える会」は、森町の消防団から「火の見やぐら所在地」台帳の提供を受け、調査を行った。

森町には、大小五〇基以上の火の見櫓が

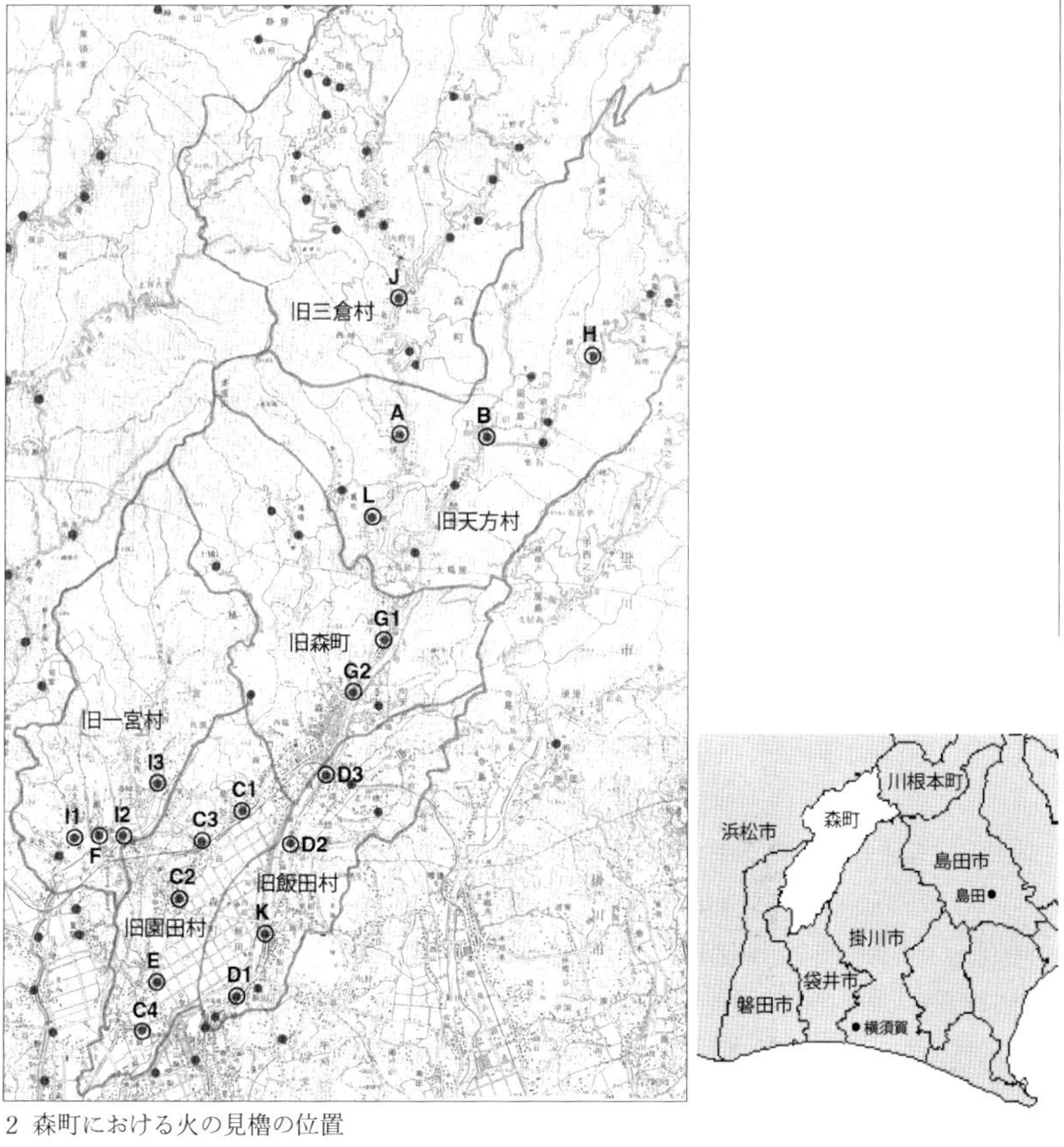

2 森町における火の見櫓の位置
図中の記号は火の見櫓のタイプとその変化を示す。
これらの変化はおおむね旧町村と対応関係がある

見張台までの横材本数	斜材の接合	見張台伏	手すり模様	屋根伏	屋根稜線	屋根材	建設年、製作者等（銘板・基礎打刻・台帳記載・聴取）
4	ボルトのみ	□		□	アーチ	銅板、菱葺き	1963年（台帳による）
7	端部プレートにリベット	□	渦	□	アーチ	銅板、菱葺き	
7	リベットのみ	□	渦	□	アーチ	銅板、一文字葺き	
9	リベット、下部交差部のみプレート	□	渦	□	アーチ	銅板、菱葺き	1952年ごろ（資料）
7	リベットのみ	□	円	□	アーチ	銅板、菱葺き	
7	リベットのみ	□	円	□	アーチ	欠失	
8	リベットのみ	□	渦	□	アーチ	銅板、菱葺き	
8	リベットのみ	□	渦	□	アーチ	銅板金	
8	リベットのみ	□	渦	□	直線	トタン板金	1952年（基礎）
7	端部プレートにリベット	□	円	□面取	アーチ	銅板、菱葺き	
8	端部プレートにリベット	□	葉	□	直線	アルミ板金	
7	リベットのみ	□		□	直線	トタン板金	
6	リベットのみ	□		□	直線	トタン板金	
9	溶接	□		□	直線	トタン板金	
8	端部、交差部プレートにリベット	○		□	アーチ	銅板、菱葺き	寺田鉄工所・横須賀（銘板）、1950〜55年ごろ（聴取）
8	端部、交差部プレートにリベット	○		□	アーチ	銅板、菱葺き	
8	端部、交差部プレートにリベット	○		□	アーチ	銅板、菱葺き	寺田鉄工所・横須賀（銘板）、髙木鋼材（基礎）
9	端部プレートにリベット	○		□	アーチ	トタン板金	1953年、独立記念（基礎）、福本鉄工所・島田（図面）
10	リベット、下部交差部のみプレート	○+○		□	オージーアーチ	トタン板金	1967年、曳馬産業（基礎）
なし	溶接	△					1974年以降（聴取）

タイプ	番付	旧町村	場所	全体高さ(m)	基礎台幅(m)	脚本数	脚ライン	梯子のつき方	基礎への定着(m)
イ	A	天方村	西俣	8.0	1.6	4	直線	内側、直行	立上り(0.2)にボルト、ターンバックル
イ	B	天方村	鍛冶島下田	14.0	1.9	4	直線	内側、踊り場あり	立上り(0.3)にボルト、ターンバックル
イ	C1	園田村	草ヶ谷	12.5	1.3	4	直線	内側、直行	立上り(0.3)にボルト、ターンバックル
イ	C2	園田村	谷中	14.0	2.4	4	直線	内側、踊り場あり	立上り(0.4)にボルト、ターンバックル
イ	C3	園田村	円田	12.5	2.4	4	直線	内側、踊り場あり	増打埋込み、ターンバックル
イ	C4	園田村	牛飼	12.5	2.4	4	直線	内側、踊り場あり	立上り(0.4)にボルト、ターンバックル
イ	D1	飯田村	下飯田	14.0	2.0	4	直線	内側、踊り場あり	増打埋込み、ターンバックル
イ	D2	飯田村	鴨谷	15.4	2.0	4	直線	内側、踊り場あり	増打埋込み、ターンバックル
イ	D3	飯田村	戸錦	14.0	1.6	4	直線	内側、踊り場あり	増打埋込み、ターンバックル
イ	E	園田村	中川下	13.0	2.4	4	直線	内側、踊り場あり	増打埋込み、ターンバックル
イ	F	一宮村	片瀬	14.0	2.4	4	直線	内側、踊り場あり	立上り(0.3)にボルト、ターンバックル
イ	G1	森町	城下	13.5	1.5	4	直線	内側、踊り場あり	立上り(0.1と1.8)にボルト
イ	G2	森町	赤松	12.8	1.7	4	直線	内側、踊り場あり	立上り(0.6)にリベット
イ	H	天方村	亀久保	11.0	1.9	4	直線	側面、直行	立上り(0.2)にボルト
ロ	I1	一宮村	大久保	13.5	2.4	4	曲線	外側、踊り場あり	増打埋込み
ロ	I2	一宮村	赤根	13.0	2.5	4	曲線	外側、踊り場あり	増打埋込み
ロ	I3	一宮村	宮代西	13.0	2.5	4	曲線	外側、踊り場あり	増打埋込み
ロ	J	三倉村	三倉	12.6	2.6	4	曲線	外側、踊り場あり	増打埋込み
ロ	K	飯田村	上飯田	16.0	3.0	4	曲線	外側、踊り場あり	立上り(0.4)にボルト
ハ	L	天方村	黒石	11.0	1.5	3	直線	側面、直行	立上り(0.3)にボルト

3 森町の火の見櫓(櫓型)の一覧表
脚の本数やラインによる全体の姿から大きくイ～ハのタイプに分けられ、
さらにディテールによってA～Lの変化が見られる

イのタイプ

A

B

C1

C2

C3

C4

D1

D2

D3

E

F

G1

ロのタイプ

I1

G2

I2

I3

ハのタイプ

L

H

J

K

4 森町の火の見櫓(櫓型)の姿
イは脚が直線で見張り台が□、ロは脚が曲線で見張り台が○、ハは脚が3本で見張り台も△。

それぞれのタイプごとにも、わずかずつ変化が見られるあり、そのうち櫓型（アングル製）が二〇基現存している（二〇〇九年八月）。この二〇基を並べてみると、いくつかのタイプに分けることができる［3、4］。かたちの判断の規準は、一見してわかる全体的な違いと、詳細に見なければわからないディテールの違いとに大別できる。

まず全体的なかたちは、脚の本数、脚のライン、見張台や屋根の形状などを見る。森町の場合、大半の櫓は四本の脚をもつ。三本脚は簡易で、屋根も半鐘上部の庇《ひさし》しかない。脚のラインは、下から上まで直線のタイプと、裾広がりに曲線を描くタイプとがある。ここで、直線のタイプをイ、曲線のタイプをロ、三本脚をハとしておこう。

脚のラインの違いは、梯子のつき方と対応しており、イはほとんどが櫓の内側を通って上り、ロは外側を上る。内側の場合は上るときの怖さは軽減するが、なかを通れるだけの広さが必要になる。外側の場合は脚が細身のプロポーションとなって、外から見張台に足をかけるために、見張台の張出しが大きくなる。見張台が円形なのも外から乗るためだろう。屋根は下の構造とは独立して考えることができるので、見張台まではほとんど同じでも、微妙にかたちが違うことがある。

次にディテールだが、もっとも重要なのは基礎への定着である。これはあらかじめ基礎に埋め込まれた四本の立ち上がりに、脚の端部をボルトで固定する方法と、底まで一体につくった櫓を基礎のアンカーボルトに留めた後、コンクリートを増打して埋め込む方法とがある。立上りにボルトで固定したものは目視でわかるが、増打で埋め込まれてしまうと見えない。これを助けてくれるのが、旧三倉村の櫓（ロJ）の製作に用いられた図面である（83頁）。この図面によれば、コンクリートの基礎にアンカーを取ったボルトを、櫓底面の四隅に二本ずつ計八本で締め、それを厚さ二〇センチメートルの増打で覆うことになっている。

基礎への定着が重要なのは、構造的な要であるとともに、工場での製作段階や建てるときの施工法とも関連するからだ。一般に、ある時期まではボルトの信頼性が低かったので、大半の接合はリベットによっていたが、脚もとだけがボルトなのは、工場で製作した部分を現場の基礎に据えつけるのを容易にするためと見られる。櫓の最下部のみにネジで長さを調節できるリング式ターンバックルがついているものがあるのは、現場で基礎に緊結するときの調整に用いたしかけのようだ。

ディテールを比べる際は、見張台までの横材本数や斜材の接合方法も見る。横材本数は斜材の角度と関係し、櫓が高くなれば当然増える傾向にあるが、正確な計算の結果というよりも、むしろ製作した鉄工所の経験値にもとづくのだろう。斜材の接合も、端部、交差部にプレートがある場合とない場合があり、これも製作者の違いを思わせる。さらに、屋根の形や葺《ふ》き方、見張台の手すりにつけられた模様などにも、製作者のパターンが出てくると思われる。

このようにディテールを見ると、イのタイプは八つ（A―H）に分けられ、おそらくA、B、C、Dは同一鉄工所で生まれ、ほかは似ているが別の手になるか時代が違うのではないか、と推測できる。しかし、旧園田村のCと旧飯田村のDでは、全体の姿や基礎への定着が少し異なっており、旧天方村のBは、屋根はCと同じなのに、斜材の接合は異なるなど、微妙に違っている。そして、C2を建てているときの写真（38頁）と、D3の基礎に残る打刻が、ともに一九五二（昭和二七）年であることから、B、C、Dは主にこのころつくられたと推測できる。Eは屋根のかたちが隣接する磐田市のものと酷似しており、その影響が感じられる（36頁）。旧森町のGは踊り場が外に張り出し、屋根のかたちもほかのイのタイプとは異なる。

他方、ロのタイプは三つ（I―K）に分けられる。これらはいずれも製作者が判明している。まずI1の脚にプレートの破片がついていて、「静岡縣　寺」しか読めない。I3にも同じ大きさの破片があるが、こち

I1に残るプレートの破片

袋井市内に残るプレート
「静岡縣小笠郡横須賀町
寺田鐵工所」

基礎の立上りに、
脚をボルトで固定した例(C2)

基礎を増打して埋め込んだ例(J)。
「独立記念」の打刻がある

5 図3、4の一部。上2点はプレートからわかる製作者。
隣の市に同じプレートを付けた櫓があった。
下2点は基礎への定着方法

らは錆びてしまって読めない。しかし、隣の袋井市に「静岡縣小笠郡横須賀町　寺田鐵工所」とプレートのついた火の見櫓がある。これは現在の掛川市横須賀にあった鉄工所のことで、その親方から、「森町一宮の火の見櫓は期日に間に合わず、役場に謝りに行ったことを覚えている」との証言を得た。*一九五〇年代前半のことだという。旧一宮村の三基はこの鉄工所の製作として間違いないだろう。I3の基礎には「寄贈者　高木鋼材株式會社」と銘板があり、材料を提供したらしい。

Jも製作者と建設年がわかる。先の図面に「福本機械工業株式會社　東海道線島田市駅前」とスタンプが押してある。JはIと類似しているが、製作した鉄工所はまっ

＊静岡県掛川市横須賀、寺田鉄工所の寺田正一さん（二〇〇四年一〇月のヒアリング）

たく離れており、図面に「GBF－10型（A）」とあることからも、ある程度の標準型があったことが推測できる。そして、Jは似たかたちが現島田市内にいくつも確認できるので（22頁）、これらは同じような標準型に基づく可能性が高い。また、I、Jとも、工場と森町の現場とはかなりの距離があり、Iは二〇キロメートル以上、Jは四〇キロメートル以上もある。Jの基礎には、「昭和二十八年十二月建之　独立記念」という打刻が寄贈者名とともに記されている。「独立記念」とは前年発効したサンフランシスコ平和条約のことを指しており、当時の人々の心情を物語っているといえよう。

Kも基礎に打刻があるが、不鮮明で「森町　昭和42年7月　曳馬産」とだけ読むのがやっとである。ところが、ここから一キロメートルあまりのところに、「土木・建築曳馬産業（株）」という看板が出ていた。そこで聞いてみると「古いことではっきりしないが、たぶんここでつくったものだろう」とのことだった。Kは見張台が二か所あり、森町の櫓ではもっとも高く、かたちも異質である。近隣の市町にも現存せず、遠く離れた富士宮市などに似たものがある（23頁）。これも何らかの標準型の効用だろうか。

イのHとハのLは、全体は異なっているが、梯子の形状とつき方が同じで、接合がともに溶接であることなど、ディテールが似ており、同一鉄工所ではないかと推測できる。溶接が用いられていることから、比較的新しい製作と思われる。

こうしてかたちを追って分けてみたタイプは、おおむね旧町村に呼応している。火の見櫓は、専門家による構造設計がなされたわけではなく、大工場で均一に生産されたものでもないので、記録も残りにくく、誰がいつ、どのようにつくったのか、わからないことがたくさんある。しかし、姿とディテールを手がかりにして、少しずつ、わかってくることもある。火の見櫓を詳細に見ていると、製作した親方の「くせ」や「慣れ」が見えてきて、武骨だけれど経験豊かな手仕事が目に浮かぶようである。

消防署と屯所の望楼

火の見櫓のおもしろいところは、機能が同じなのに姿がさまざまなことである。

群馬県伊勢崎市には鉄筋コンクリート造レンガ張りの櫓がある［1］。一九一六（大正五）年に大正の御大典を記念して地元出身者がつくり、鐘で時を告げていたという。火の見櫓としても使われたが、現在は「旧時報鐘楼」の名で、市の指定文化財になっている。

香川県高松市の四国村には軍艦のマストを転用したという火の見櫓がある［2］。一九四四（昭和一九）年にタンカーとしてつくられた船が、翌年、空母「しまね丸」に改造され、撃沈された。それを一九四八（昭和二三）年に引き上げ解体し、無線マストを火の見櫓に転用したという。同じ船にはこのマストが数本あって、船が沈んだ志度町内に建てられたもののうちのひとつが四国村に移設されているのである。脚には攻撃を受けた際の弾痕が見られる。

非常に規模の大きな火の見櫓もあった。金沢市の浅野川大橋詰に立ち、登録文化財となっている櫓は、現在は高さ一二メートル程度になっているが、三本脚で基部の一辺は四・八五メートルもある［3］。これは一九二四（大正一三）年に建てられた櫓の

1 鉄筋コンクリート造レンガ張りの「旧時報鐘楼」。火の見櫓としても使われたという（群馬県伊勢崎市）

2 軍艦のマストを転用した火の見櫓（香川県高松市）

3 かつては30mを超える高さがあった櫓の下部（石川県金沢市）

4 図3の昭和15年ごろの姿（提供：金子作造、和澤一男）

脚もとで、竣工当時には約三一メートル（一〇〇尺）であったという[4]。同時に犀川畔にも同じものが建てられ、当時の新聞には「双方見通しで信號《しんごう》ができる」と書かれている。二つの櫓から市内を睥睨《へいげい》していたのであろう。工費は二体で四七二一円。金沢の業者が請け負ったが、工事は東京から専門の鳶を招いて二日間で組み上げたそうだ。*

富山市のはもっと高かった。一九二九（昭和四）年に中心部につくられた櫓は約三六メートル（一二〇尺）もあった[5]。基部は約七・二メートル（四間）四方、エレベーターがつき、工費一万三〇〇〇円を要し、東京の服部製作所が請負ったという。これは昭和の御大典記念で「その高さ、構造において日本一」といわれ一九六二（昭和三七）

5 エレベーターがつき36mの高さがあった櫓
（富山市、現存せず／出典：『富山市消防史』富山市消防史編纂委員会、1990年）

年まで立っていた。[**] 一九一九（大正八）年から一九六〇年代まで、建築基準法（戦前は市街地建築物法）では通称「一〇〇尺規制」（約三一メートル）という高さ制限があったので、あらゆる建築を凌駕していたことだろう。

青森県十和田市にも、とんでもない櫓があったようだ[***]［6］。かつて近所の町にあった海軍の無線塔を戦後に移設、転用したもので、これでももとの高さの半分だという。頂部の見張台はもとより、階段もカバーで覆われていて、北国の監視の厳しさを物語っている。

このような大規模な櫓は、かつて消防署で行われていた望楼監視のためにつくられたもので、常時勤務員が巡視を行っていた。火の見櫓がたくさんつくられた戦後期には、

6 海軍の無線塔を転用したという櫓
（青森県十和田市、現存せず／撮影：和田光弘）

各地の地方都市でも建てられたようで、新潟県長岡市に一九四九（昭和二四）年につくられたもの［7］、福岡県大牟田市に一九五六（昭和三一）年につくられたもの［8］など、いずれも三〇メートルを超えていた。これらを見ると、火の見櫓は消防署や警察署の望楼の縮小版ということができる。

以下、特徴のある、珍しい望楼を見てみたい。

現存する代表的なものを挙げると、9は東京消防庁の高輪消防署二本榎出張所（旧高輪消防署）で、一九三三（昭和八）年につくられた。表現派風のデザインで、海に近い立地を意識してか、灯台のようにも、汽船のようにも見える。10は渋谷区立広尾小学校で、一九三二（昭和七）年につくられた。ここには渋谷消防署上智出張所が併設されていたため、小学校の屋上に望楼がある。

失われてしまったものでは、札幌消防署を特筆したい［11］。大通公園に一九二七（昭和二）年につくられ、約四三メートル（一四三尺）の高さがあったという。東京・浅草にあった一二階（凌雲閣）のようでもあり、ヨーロッパの市庁舎の鐘楼のようでもある。

また、デザイン上見過ごせないのは、東京の麹町消防署に一九三七（昭和一二）年につくられた庁舎で［12］、当時の雑誌には「工費七万円で、望楼は地上六階八〇尺、淡黄色の建物が外濠の翠松に映えて美しい」とある。望楼の垂直性とピロティで持ち上げられた事務所部分の水平性とが見事な構成をなし、バウハウス的モダニズムのようにも見えるが、よく見ると望楼の角が丸めら

7 長い梯子を上っていく櫓
（新潟県長岡市、現存せず／
提供：長岡市立中央図書館文書資料室）

れていて、「淡黄色」の外壁からは、同時期に竣工したフランク・ロイド・ライトのジョンソン・ワックス本社ビルにも通じる感じがある。消防署望楼の白眉であったろう。

こうした望楼は警察署（戦前の消防は警察の指揮下にあった）にもあり、たとえば一九二八（昭和三）年につくられた静岡県の浜松警察署には、アール・デコ風の望楼が備わっていた［13］。

戦後になってからも、このような望楼は消防署につくられた。現存する珍しいものでは、川崎の工業地帯、臨港消防署に煙突のようなものがある。一九五九（昭和三四）年に建設された望楼で、よく見ると頂部に火の見櫓とよく似た飾りがあり、火の見櫓をまるごと鉄筋コンクリートでつくったようである［14］。また、岐阜県の羽島市庁舎には、市庁舎と合わせてデザインされたコンクリート打放しの望楼がある［15］。一九五八（昭和三三）年に、近代建築の巨匠、坂倉準三の設計でつくられた、建築史的な価値も高いものである。

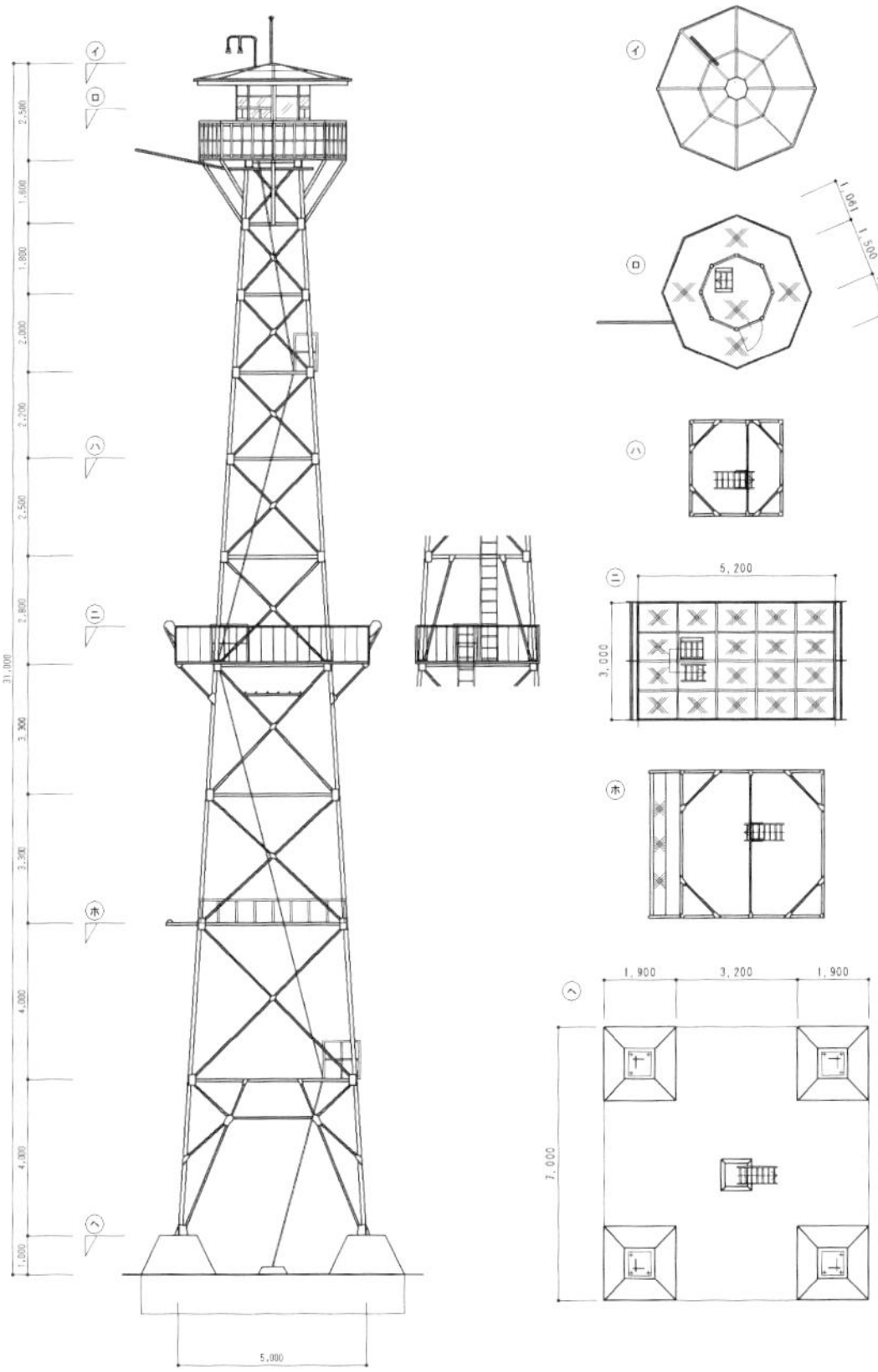

8 望楼監視を行う櫓の頂部
（福岡県大牟田市、現存せず／2点とも提供：辻 弘見）

9 コーナーに丸い望楼を備えた旧高輪消防署
（東京都港区）

10 広尾小学校の屋上から立ち上がる望楼
（東京都渋谷区）

11 ヨーロッパの市庁舎のような望楼があった
旧札幌消防署（現存せず／出典：絵葉書の世界
http://white.freespace.jp/layla/）

12 水平な事務所部分と垂直な望楼が
見事な構成美を見せていた旧麹町消防署
（現存せず／『土木建築工事画報』第13巻第3号、
1937年／提供：土木学会土木図書館）

13 木造建築のなかにそびえていた旧浜松警察署、消防組常設部の望楼
（望楼は現存せず）

15 市庁舎に併設された坂倉準三設計の望楼
（岐阜県羽島市）

14 鉄筋コンクリート造の煙突のような望楼
（神奈川県川崎市）

地方の消防団が管理する望楼にも特徴的なものがある。屯所とか番屋と呼ばれる消防小屋の上に望楼をつくったものである。青森県の黒石［16］、弘前［17、18］、南部地方［12頁］や岩手県の盛岡［19］などのものが有名で、一階が消防車の車庫、二階が詰所、三階が望楼になっている。公民館的な役割も果たしていたようで、二階の詰所では、かつては結婚式も行われたという。鳥取県の智頭《ちづ》［20］、岐阜県の高山［21］にもあり、冬の監視がたいへんな地域にあるようだが、それでは説明のつかない愛知県の鳳来町（現新城市）［22］にあったりもする。

消防署の望楼は、壁で囲まれ屋根もあり、形態も構造も一般的な火の見櫓とは異なるけれど、建築のデザインとしてもきわめて印象的で見応えがある。何よりも火の見櫓同様、さまざまに姿が異なるところがおもしろい。現役で使われている消防署では、ピカピカに手入れされた真っ赤な消防車の上に望楼が立ち上がり、安全への備えをアピールし、市民の安心につながっている。

16 青森県黒石市元町の屯所（1920年）。
甲徳兵衛町の屯所（1924年、県重宝／15頁参照）
も近くにあり、黒石では
「火の見櫓サミット」が開催された

17 弘前城堀端、紺屋町に立つ屯所
（1933年ごろ、青森県弘前市）

18 寺院が立ち並ぶ弘前の名所、禅林街入り口の枡形に位置する屯所(1936年、青森県弘前市)

19 岩手県盛岡市中心部、紺屋町の番屋(1913年)

20 鳥取県智頭町の屯所。正面に外梯子が架かっている(1941年/撮影:網代守男)

21　岐阜県高山市、山桜神社にある火の見櫓
（1932年／撮影：網代守男）

22　旧鳳来町の屯所（大正10年代、愛知県新城市）

23　大阪御堂筋に近い旧今橋消防署（1925年、大阪市中央区）。1階には消防車が格納され、屋上に櫓があったという。コンバージョンされた現在はイタリアンレストラン「アンティカ・オステリア・ダル・ポンピエーレ（消防士の古い食堂）」

*「北陸毎日新聞」一九二四年一〇月二三日夕刊。これらの櫓は、写真が撮られた一九四〇（昭和一五）年から、現在の高さになった一九七一（昭和四六）年までのある時期に約二三メートルに切り詰められ、長らくはじめからその高さだったと思われていた。小松市の金子作造氏が火の見櫓の模型をつくる過程ではじめの高さを割り出し、当時の新聞記事でそれが確かめられた。

**『富山市消防史』富山市消防史編纂委員会、一九九〇

***『和田光弘写真集　北の望楼』青森県十和田地区事務組合消防庁舎落成記念祝賀実行委員会、一九九二

****『土木建築工事画報』、第一三巻第三号、一九三七年三月号

高さと速さと安全の構造デザイン

今川憲英

火の見櫓は、その機能を考慮しながら、その時代の身近な素材と建設技術によってつくられてきた。櫓の空間と骨格は、時代によって要求される性能と安全の相関関係をもちながら変化していることを読み取ることができる。その構造的変化は次のように分類でき、次頁から図示していく。

一　空間と機能の変化［1］
二　素材と骨格の変化［2］
三　骨格の主構造である各種ブレーシングシステムの変化［3］
四　骨格を結びつけるジョイントシステムの変化［4］

また、これらの変化を、「素材と空間の骨格認識図」に位置づけると、火の見櫓の骨格がいかなる重力、地震力、台風などに抵抗しているかを分析できる［5］。

火の見櫓の機能は、まず半鐘の音を届けることである。それはできるだけ速く、しかもできるだけ遠くに伝えなければならない。このふたつは、建築的に考えると両立させることが難しい要求である。速くするには半鐘を叩きやすくしなければならないが、容易に叩ける高さでは音を遠くに届けにくい。また、遠くに届けるためには高さを確保しなければならないが、そこに安全

・本稿は、東京電機大学大学院の劉清玲さん（未来科学研究科修士課程建築学専攻）の協力を得ました。

に上るしくみが必要である。この高さと速さへの挑戦が、火の見櫓の構造デザインを変化させてきたといえる。

より多くの人々に火災をはじめとする危機発生を知らせるために、伝達範囲を近隣から地域へと拡大し、その拡大にともなって、高さが地上一五メートルを超えるようなものになり、それを安全に支えるための構造が編み出されてきたと考えられる。

速く確実に使用するためには、使いやすく安全でなければならない。それには、足場ボルト（電柱などに見られるステップ状の水平金物）よりは梯子状の動線のほうが、さらには半鐘を叩く足がかりとして見張台が設置されたほうがよい。また、長い梯子を上るためには、柵で囲まれ、適所に踊り場が設置されたほうがよい。

専業の消防隊のような特殊能力をもたない消防団員にも、安全に使用できるように、火の見櫓の動線と空間の骨格はデザインされてきたのである。

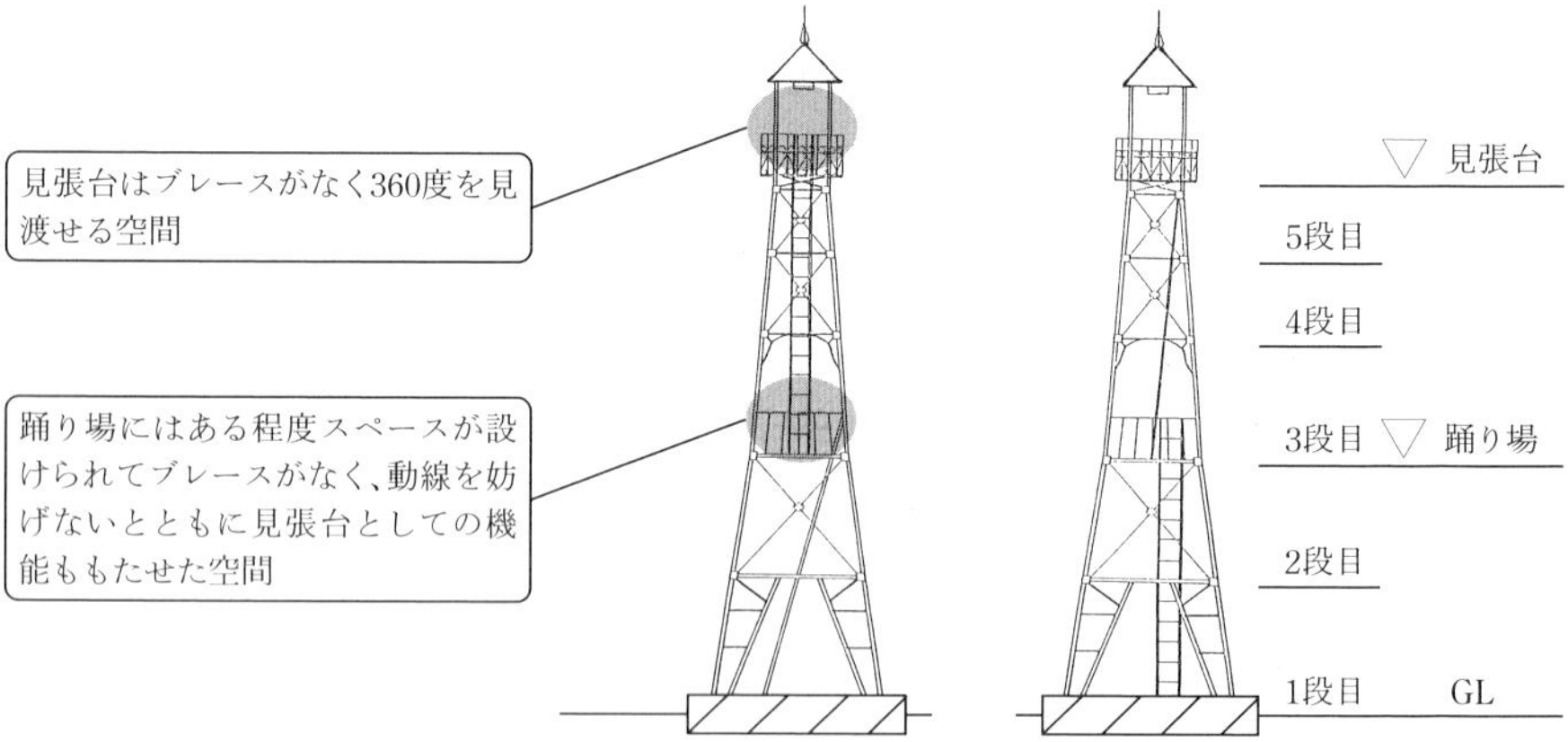

見張台はブレースがなく360度を見渡せる空間
踊り場にはある程度スペースが設けられてブレースがなく、動線を妨げないとともに見張台としての機能ももたせた空間
見張台
5段目
4段目
3段目
踊り場
2段目
1段目
GL

櫓内に踊り場を設けた場合の火の見櫓の空間の骨格

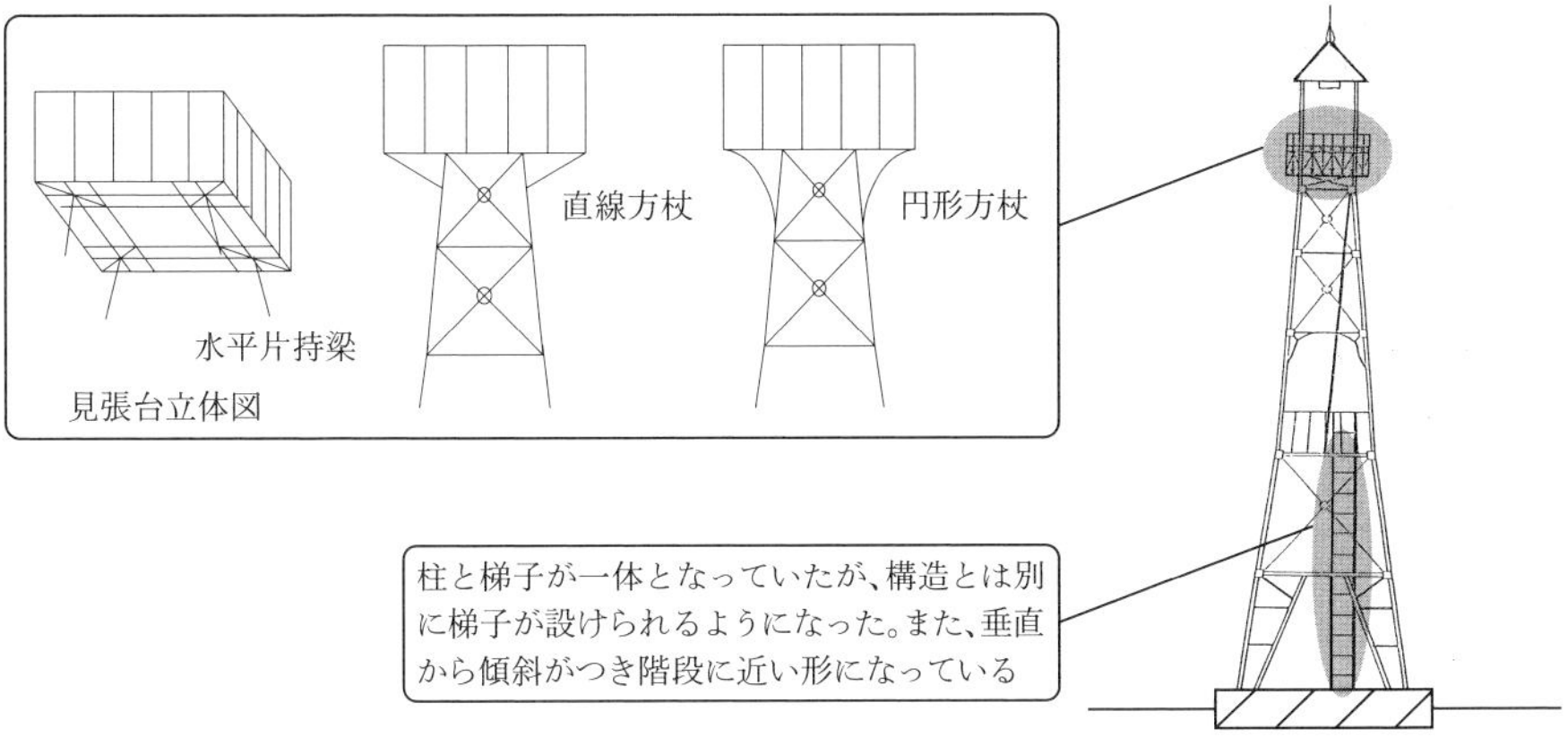
水平片持梁
見張台立体図
直線方杖
円形方杖
柱と梯子が一体となっていたが、構造とは別に梯子が設けられるようになった。また、垂直から傾斜がつき階段に近い形になっている

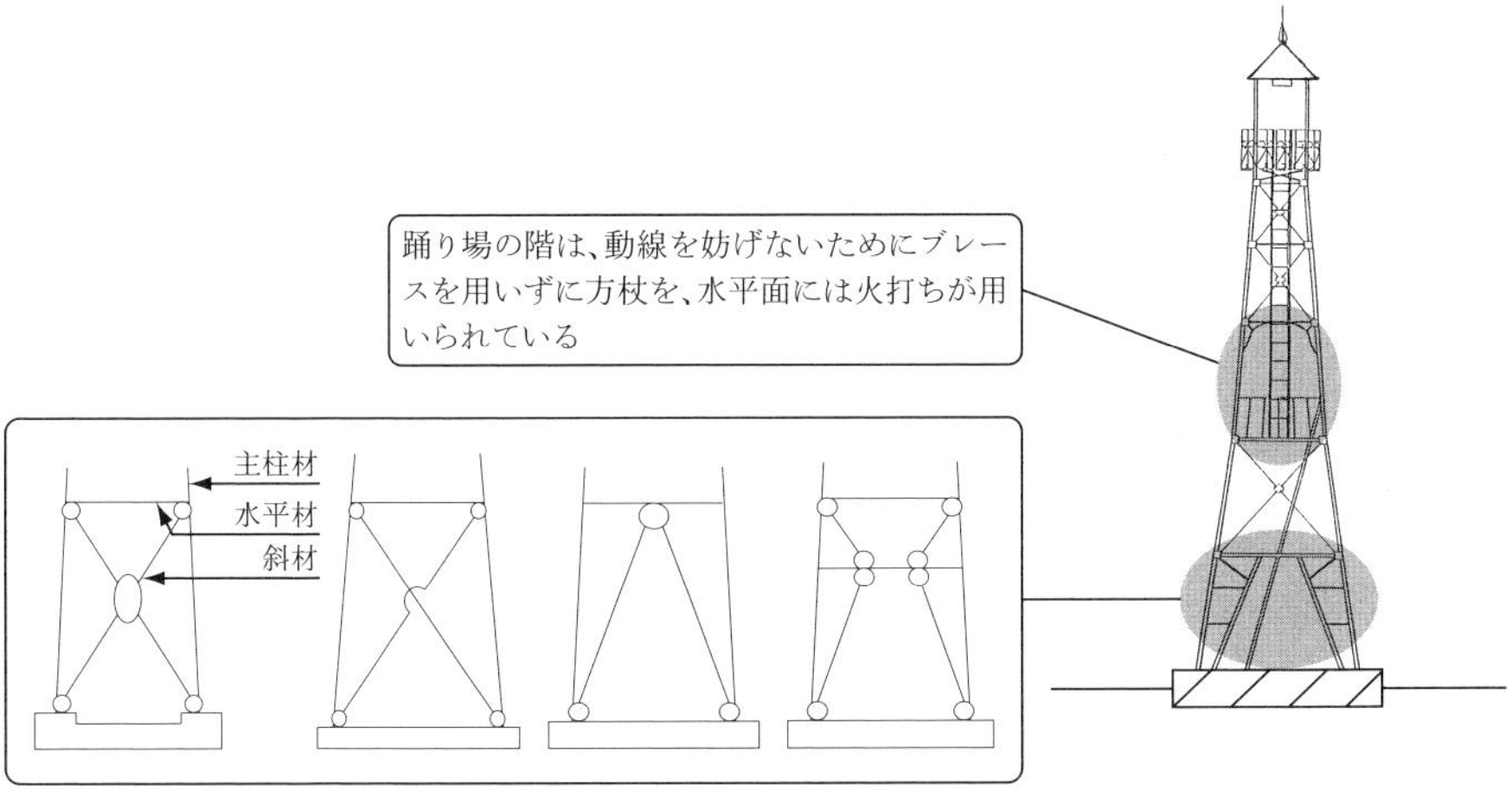
踊り場の階は、動線を妨げないためにブレースを用いずに方杖を、水平面には火打ちが用いられている
主柱材
水平材
斜材

0 標準的な空間構成と骨格(櫓内に踊り場を設けた場合)

使いやすく安全な施設とするには、足場ボルト(電柱などに見られるステップ状の水平金物)よりは梯子状の動線のほうが、さらには半鐘を叩く足がかりとして見張台が設置されたほうがよい。また、長い梯子を上るためには、柵で囲まれ、適所に踊り場が設置されたほうがよい

半鐘をすぐに叩ける大きさだが、音が狭い範囲にしか届かない

広範囲に音が届くように
梯子を使って半鐘を鳴らす

外灯と屋根がつき、どんなときでも使える状態に。
階段の囲いがあると危険が少なく、高い場所へ上る恐怖感を軽減できる

半鐘を鳴らす位置

半鐘

踊り場・見張台

半鐘を鳴らしやすいように見張台がある

柱から梯子が独立し、上りやすくなっている

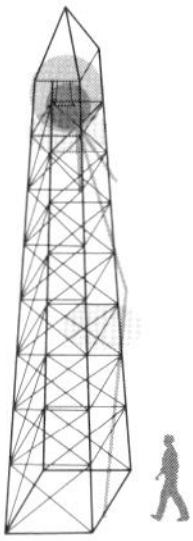

より高いものでは、梯子の途中に踊り場がある。
櫓を回って上るような梯子階段は上りやすい

1 空間構成と機能の変化

火の見櫓は半鐘の音をできるだけ速く、遠くに伝えなければならない。
一刻も速く半鐘を叩かなければならないが、容易に叩ける高さでは音を遠くに届けにくい。
遠くまで音を届けるためには、高さを確保しなければならないが、
そこに安全に上るしくみが必要となる。建築的には相反する要求で成り立っている

鉄筋コンクリート

木

独立柱
【1本脚】

独立柱
【1本脚】

フィーレンディール•トラス(梯子)
【2本脚】

フィーレンディール•トラス(梯子)
【2本脚】

独立柱＋
フィーレンディール•トラス(梯子)
【3本脚】

フィーレンディール•トラス(梯子)
＋斜材
【4本脚】

独立柱＋単純梁
【2本脚】

フィーレンディール・トラス
【2本脚】

フィーレンディール・トラス(梯子)
【4本脚】

フィーレンディール・トラス(梯子)
【4本脚】

フィーレンディール・トラス
によるジャイアントチェア構造
【4本脚】

ポスト・アンド・ビーム＋
ブレース
【4本脚】

ワーレン・トラス＋
フィーレンディール・トラス(梯子)
【4本脚】

ポスト・アンド・ビーム＋
ブレース
【3本脚】

2 素材と骨格の変化

より多くの人々に危機の発生を知らせるために、伝達範囲は近隣から地域へと拡大していった。
その拡大にともなって、高さが地上15メートルを超えるようなものが現れ、
それを安全に支えるための構造が編み出されてきたと考えられる

【ブレーシングシステムの種類】

鉛直構面のブレーシングシステム

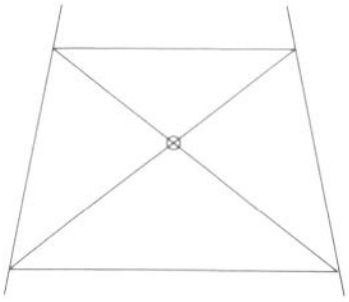

交点1本リベット
ブレーシング

X字状ブレース

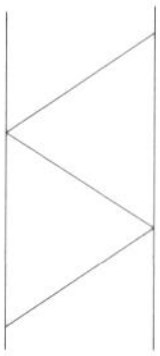

ワーレントラス

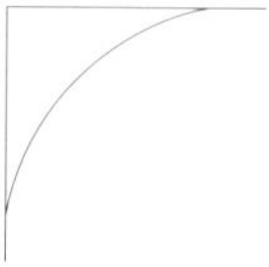

1/4円形方杖

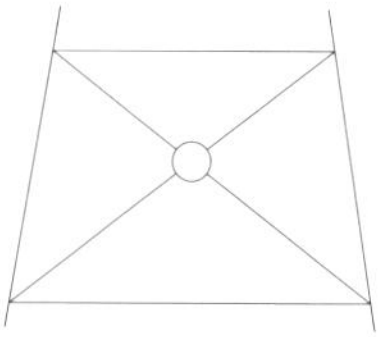

交点にジョイント金物を
用いたブレーシング

X字状ブレース

水平構面のブレーシングシステム

水平構面 火打ち

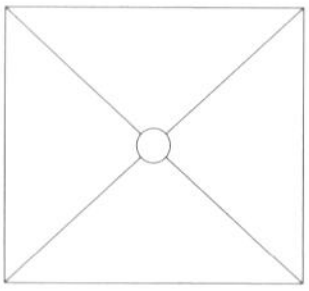

交点にジョイント金物を
用いたブレーシング

X字状ブレース

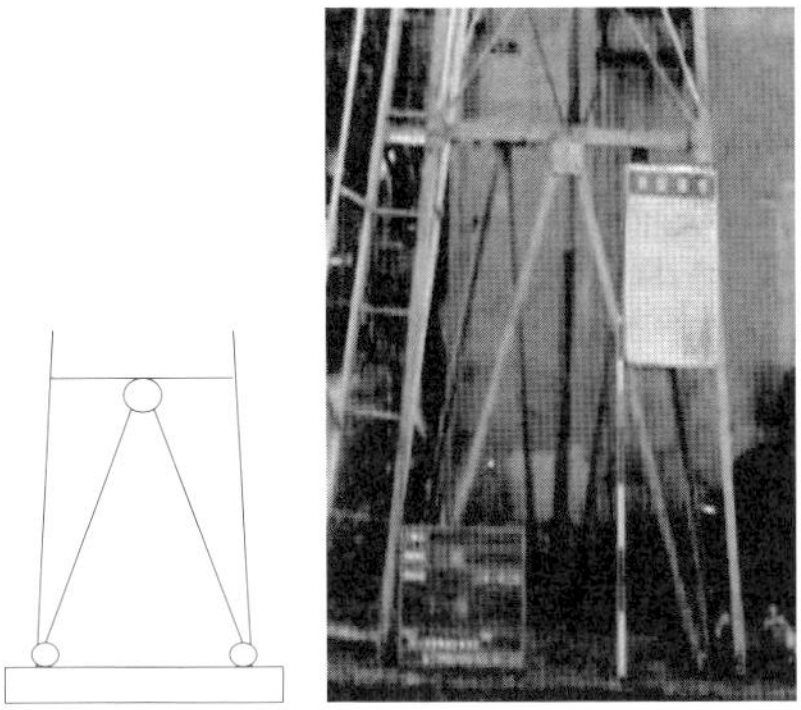

ハの字ブレース

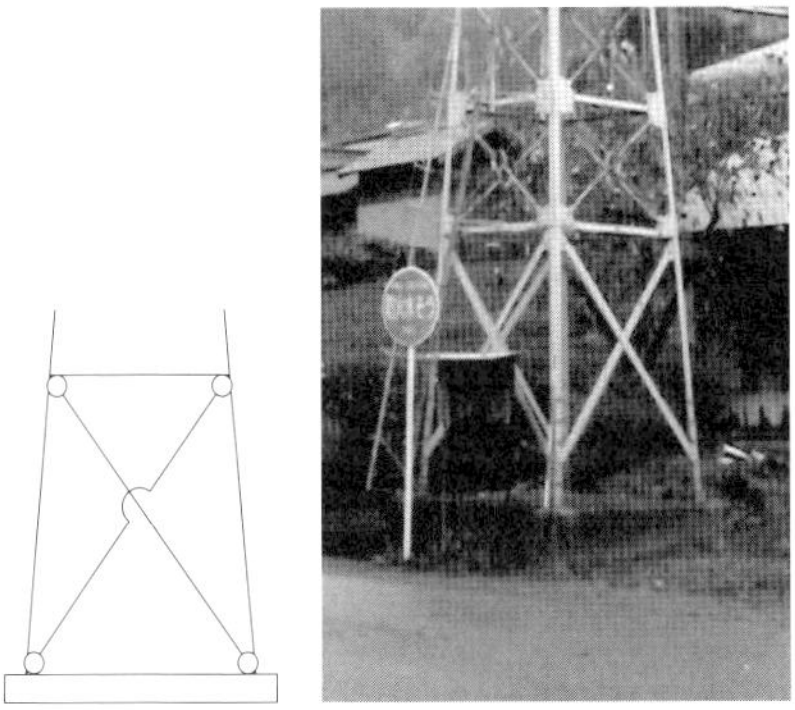

X字状ブレース

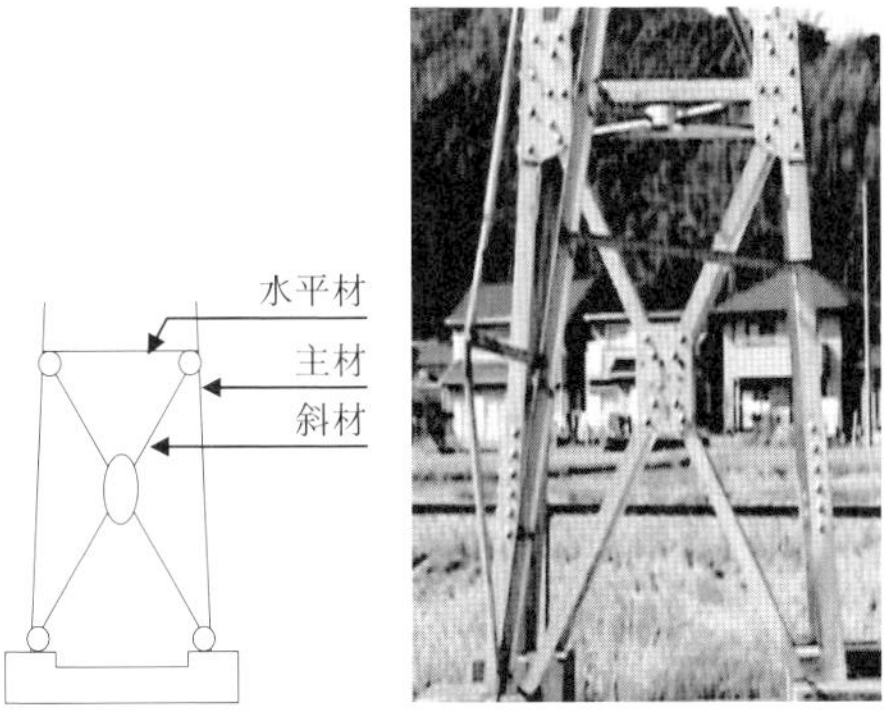

X字状ブレース

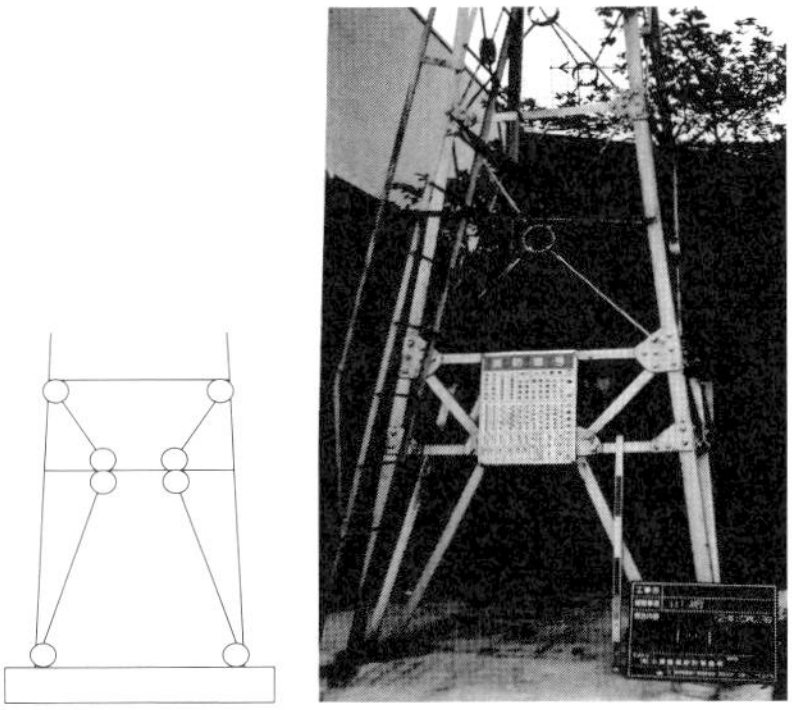

逆台形＋台形2段ブレース

補強ハの字ブレース

アーチ型ブレース

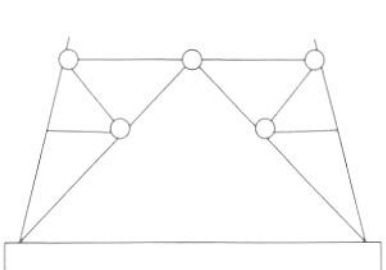

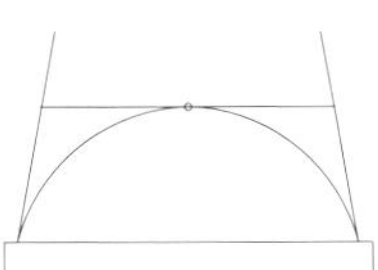

3 骨格の主構造である各種ブレーシングシステムの変化

高さや空間構成の発展にともない、安全で使いやすい施設とするために、
各種のブレーシングシステム(筋交いや火打ちなどの配し方)が変化していった

ピンジョイント

固定ジョイント

ピンジョイント

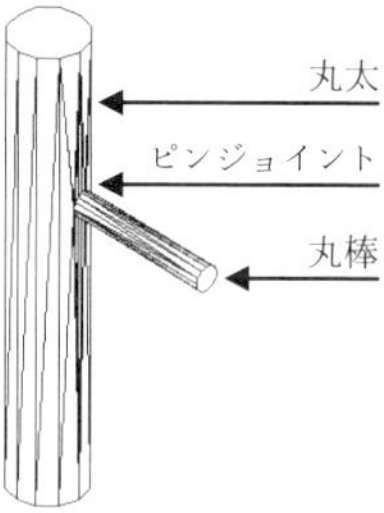

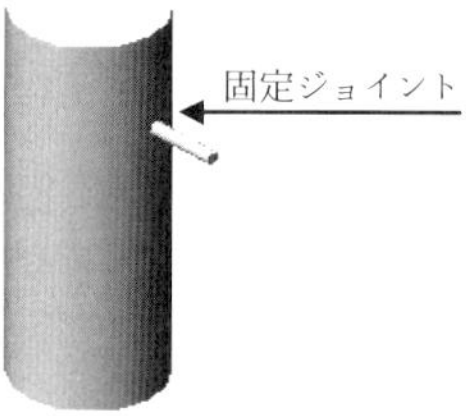

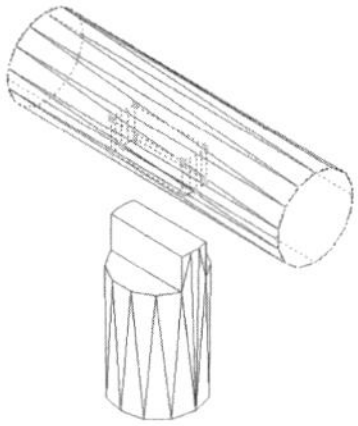

ダボジョイント

溶接

溶接

溶接

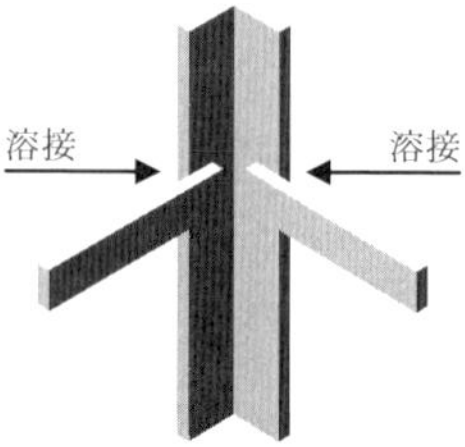

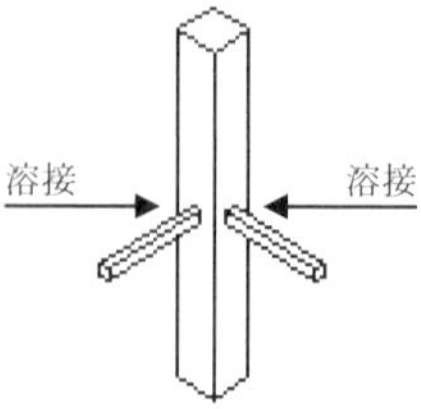

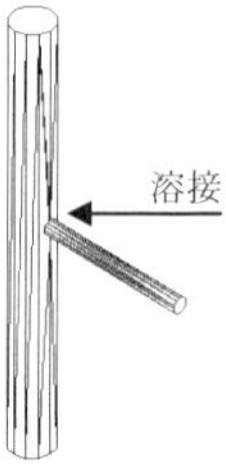

1 溶接:
フィーレンディール•トラス(梯子)
2 リベット:
ブレースのジョイント

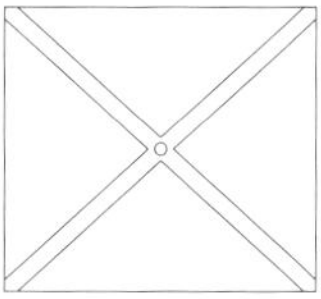

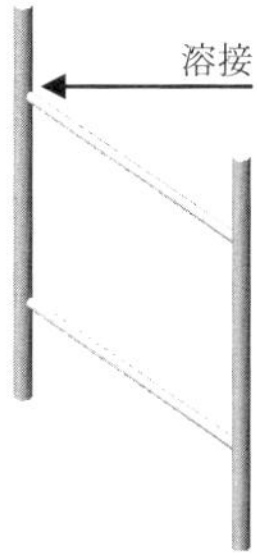

リベット:ブレース交点
ボルト:角柱の継手
溶接:角柱+ガセットプレート

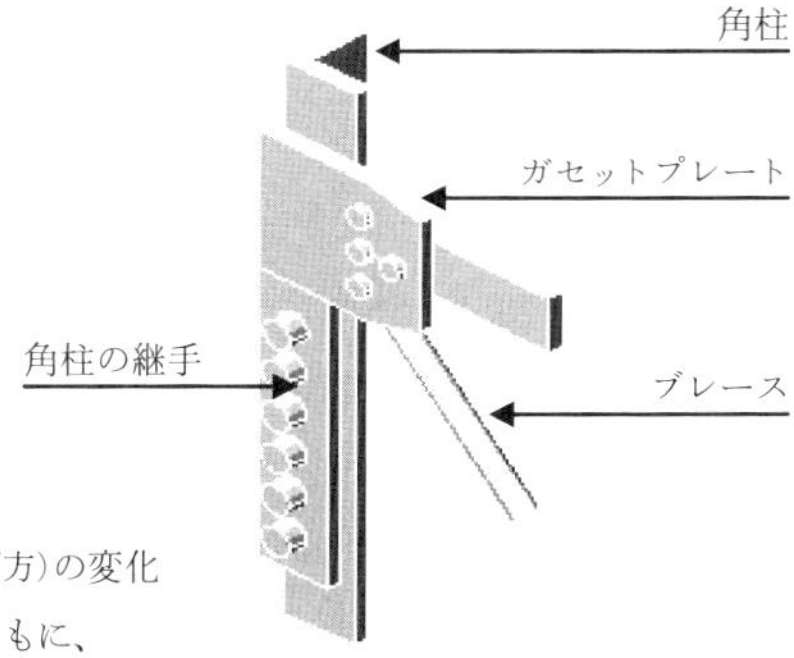

4 骨格を結びつけるジョイントシステム(部材のつなぎ方)の変化

骨格の主構造であるブレーシングシステムの変化とともに、
それらを結びつけるジョイントシステムも変化していった

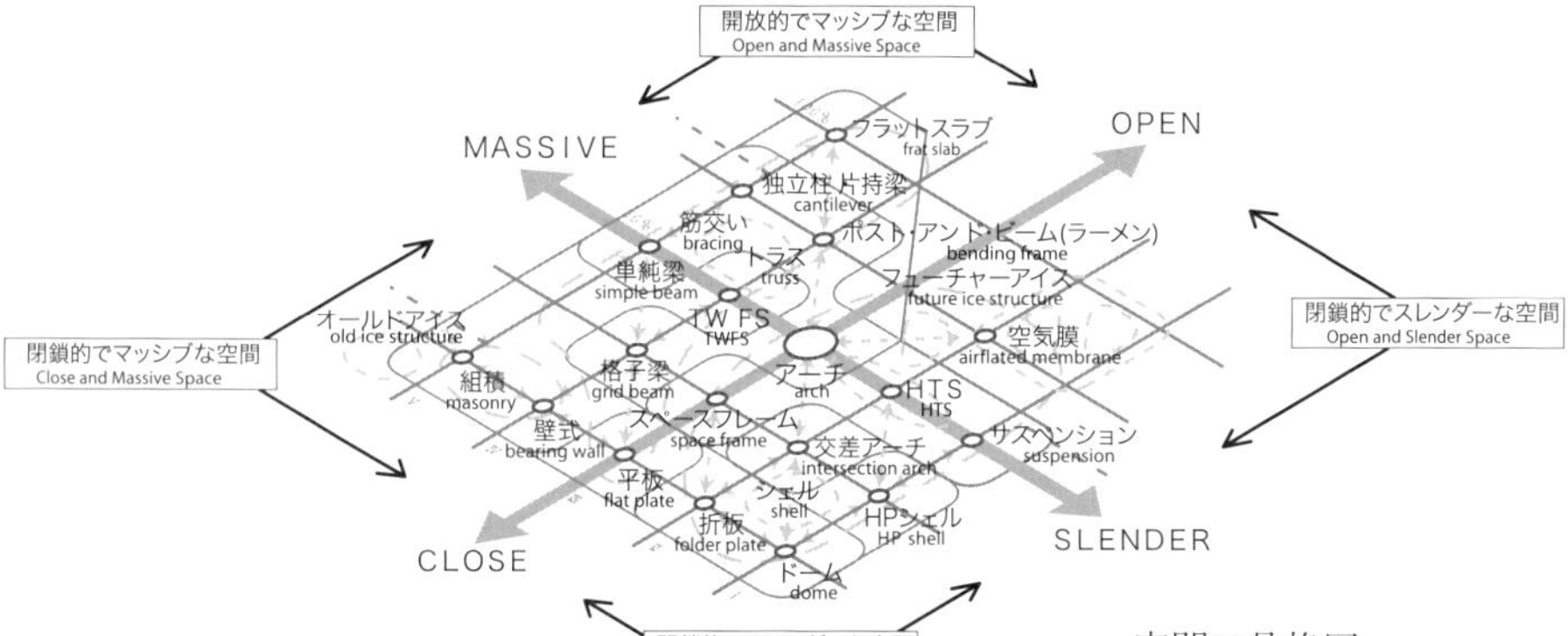

空間の骨格図
すべての骨格は、
複数の基本形で構成されている

独立柱　ポスト・アンド・ビーム　フィーレンディール・トラス（梯子）　フィーレンディール・トラス（梯子）　フィーレンディール・トラス（梯子）＋斜材

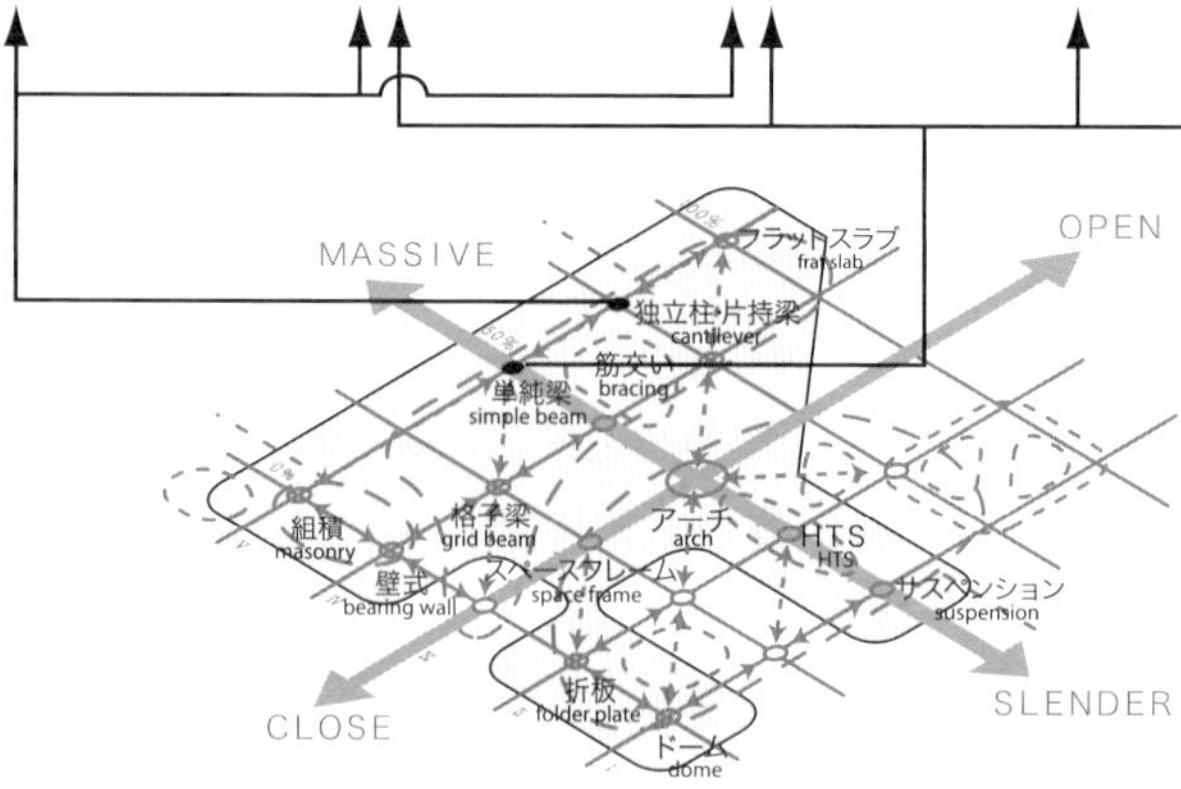

木

鉛直部材と水平部材はボルトなどで固定されており、その接合はピン接合となっている。ゆえに剛接合のラーメン構造ではなく、構成は独立柱（キャンティレバー）と単純梁となる。規模の分布は小規模〜中規模のものである

風荷重と骨格との関係

火の見櫓は半鐘の音を遠くに届けるために高い位置に半鐘を置くように改良されていった。しかし、櫓を高くすることにより、風荷重の影響を大きく受けるようになる。ゆえに、風の受圧面積が大きくならないように細い部材でも高く、また頑丈な骨格へと変遷をしてきた。火の見櫓の規模が大きいものも小さいものも、風を受ける受圧面積は同程度となっている

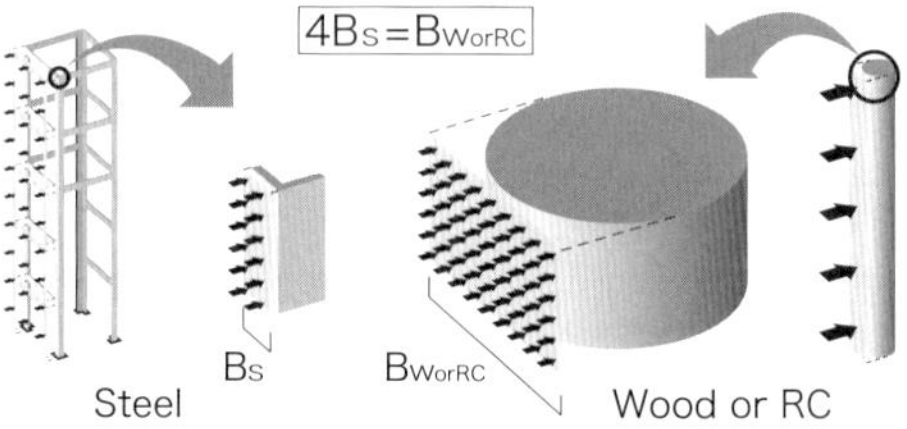

鉄筋コンクリート

電信柱と同じ骨格であり、一本の柱で構成されている。規模は中程度のものに集中され、また機能などは構造体とは別に付加される

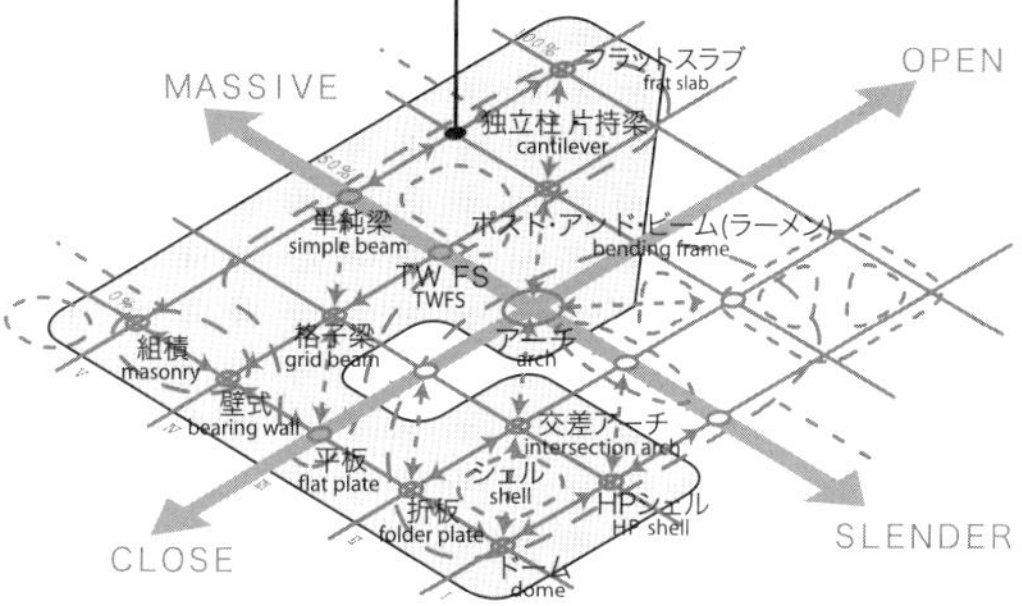

独立柱

独立柱＋
フィーレンディール・
トラス（梯子）

フィーレンディール・
トラス（梯子）

フィーレンディール・
トラス（梯子）

フィーレンディール・
トラス

鉛直部材と水平部材が剛接合となっている。斜材の入ってない櫓の高さは、5m以下の低い櫓である。また、上るための機能も併せ持ったタイプの櫓も存在している

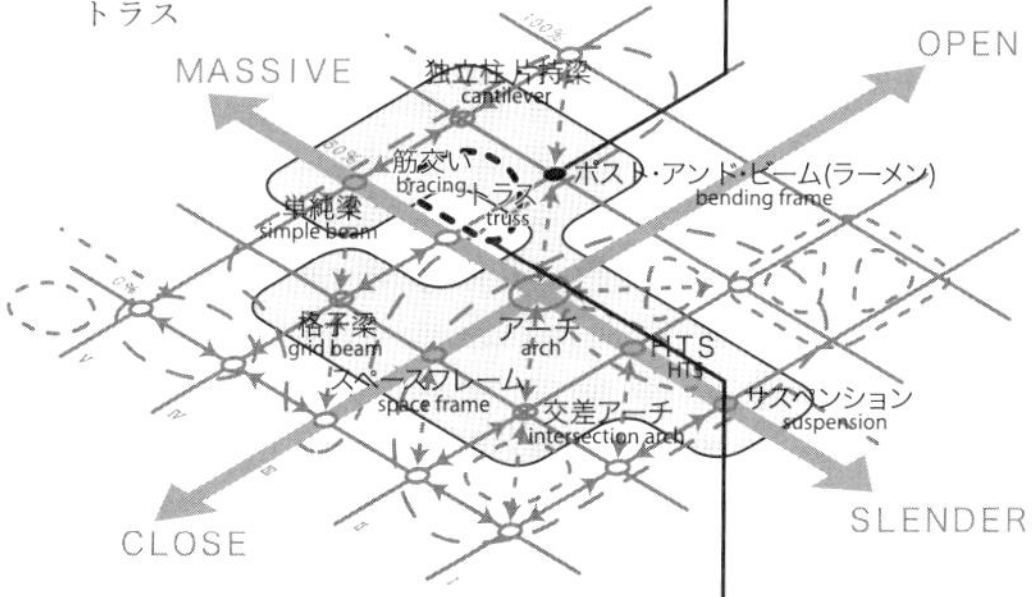

鉄

複数の柱を斜材のみ、もしくは水平部材と併用して構成している。斜材を用いる場合、5mを超える櫓である

ワーレントラス＋
フィーレンディール・
トラス（梯子）

ポスト・アンド・ビーム
＋ブレース

ポスト・アンド・ビーム
＋ブレース

フィーレンディール・
トラスによる
ジャイアントチェア構造

5　素材と空間の骨格認識図での火の見櫓の位置づけ

108～115頁の図1～4で見てきた変化を「素材と空間の骨格認識図」に位置づけると、火の見櫓の骨格がいかなる重力、地震力、台風などに抵抗しているかが分析できる

コラム

火の見櫓と鉄工所

鉄骨造の火の見櫓をつくったのは鉄工所である。鉄工所は火の見櫓の生産が盛んだったころには「火の見鍛冶」なども通称されたようだ。

鉄骨造の火の見櫓はすでに大正時代には第二次大戦後と同じようなものが製作されていた。1は大正時代の鉄工所の光景である。中央やや左寄りに富士山のような反《そ》った三角形が見える。火の見櫓の屋根である。その隣に櫓が頭を手前に向けて寝ている。左の四角いのは見張台の踏み板である。そしてその周辺には工員たちが勢揃いしている。右には木造二階建ての建物があり、ここからも事務員たちが顔をのぞかせている。この建物の一階の手前には背広にネクタイ、帽子をかぶった人物がいて、この「渥美鉄工所」の社長であろう。写真の説明には、「大正十四年

1 大正時代の鉄工所。左に組み立て途中の火の見櫓が見える
（1、2ともに馬淵正一『消防の研究と西遠の消防』消防雑誌社、1925年）

一月竣成シタル堀之内消防組望楼仕組中ノ景」とあり、前年に撮影されたと思われる。さらに説明には「敷巾九尺四方高サ地上八十尺」とあり、基礎台が約二・七メートル四方、高さ約二四メートルの大きなものであったことがわかる。写真で櫓が寝ている部分は、上半分か三分の一程度であろう。このように鉄骨造の火の見櫓は、工場で運搬可能な単位ごとに一体として組み立てられ、現場に運ばれていった。

鉄工所でつくられた火の見櫓はどんな姿で立ち上がったか。先の写真と同じ渥美鉄工所でつくられた[*]別の火の見櫓の写真がある［2］。説明によれば、後の昭和天皇の「御成婚記念事業」として、「大正十三年八月」に当時の浜松市内に建てられた。この時期も、「地上八十二尺」という大規模な高さも、先の鉄工所にあったものとほぼ同じだ

2 図1の鉄工所で当時つくられた火の見櫓

3 図1の鉄工所でつくられていた櫓が再建されたと思われる

が、こちらは屋根がドーム型をしている。「総工費三千百余円」で、サイレンつき。当時の櫓のなかでは、とりわけ高価であった。脚もとに派出所があり、そこのスイッチで警報を鳴らせるとある。上らなくてもサイレンが鳴るわけで、この高さは遠くまで音を届けることに目的があるといえる。

ところで、「渥美鉄工所」でつくられていた火の見櫓は「堀之内消防組」に建てられたとあった。これは現在の浜松市天竜区春野町堀之内のことと思われる。ここに当時の火の見櫓はない。しかし、一九六一（昭和三六）年建設の銘板がある火の見櫓が立っている［3］。これが、屋根の形を見る限り、大正時代のものにそっくりなのだ。高さも二〇メートル近くあって、近郷のものと比べてもとりわけ大きい。おそらく、「渥美鉄工所」でつくられた火の見櫓は、戦時中にいったん金属供出され、戦後になってからほぼ同じものを建てたのではなかろうか。それにしても、終戦からでも一六年も経過した段階で同じものをつくるということは、いかに戦前の火の見櫓が地区のシンボルであり、それを再建することが地区の悲願であったかをうかがい知ることができよう。

*『遠州機械金属工業発展史』浜松商工会議所、一九七一

4 火の用心の教え

島根県松江市野原町
（撮影：網代守男）

生活単位の象徴

火防信仰と秋葉道

静岡県浜松市の中心部から北へ約四〇キロメートル、天竜区春野町の秋葉山に秋葉神社がある［1］。修験霊場としてはじまり戦国時代には武士の信仰を集めたが、江戸時代からは火防《ひぶせ》の神様として全国的に信仰が広まった。東京の秋葉原は明治初期の火除地に神社がつくられ、そこが秋葉の原と呼ばれたことに由来するといわれ、*北は函館から南は鹿児島まで多くの秋葉神社がある。木造の建築物ばかりで、都市大火の多かった日本ならではの信仰といえよう。

江戸期から明治期にかけては、秋葉講という同行者で組織する団体が広く関東、東海地方の村々でつくられ多くの人々が参詣した。遠くは陸奥国白河（福島）や丹波国船井郡

1 秋葉神社随身門（浜松市天竜区春野町）

（京都）から訪れた記録があるという。[**] 当時の大動脈である東海道からは、秋葉山に向かう秋葉道がいくつものび、その道々や講を組織している村々には常夜灯が整備されていった［2］。常夜灯というのは一晩中火をともしておく石造りの灯籠で、「秋葉山」と刻まれたそれらを遠州、三河地方では今でもそこここで目にすることができる。

競って建てた常夜灯と鞘堂

この常夜灯のなかでも、特に浜松近辺の遠州地方では、

2 浜松からつながる秋葉道に据えられた鳥居と常夜灯鞘堂、そして火の見櫓（浜松市浜北区小松／火の見櫓は現存せず）

3 手前から火の見櫓、鞘堂、その脚もとに石仏、そして消防小屋と屋台小屋が順序よく並んでいる（浜松市浜北区宮口）

4 秋葉山常夜灯の鞘堂に見られる火防のまじない。屋根の棟木の端部を保護する板である懸魚(げぎょ)は、水にまつわる魚に由来する。上部の軒丸瓦には秋葉神社の「秋」、その上の棟先の鬼瓦には「水」の文字と波の模様が見える(静岡県湖西市新居)

非常に手の込んだ鞘堂《さやどう》をもつものがあり、街角で目を引く存在となっている。この鞘堂は本来、石灯籠や灯明台を保護するためのものだが、それ自体の意匠に見ごたえがある。小さなものだが、社寺建築あるいは祭礼屋台の技法を用いて精緻につくられていて、いわば神社の縮小版のようである。一定の規矩術《きくじゅつ》を踏まえており、単にかたちを社寺に似せただけではなく、ある程度部材間の比例関係を理解して構造がつくられ、これらに心得のある大工の手になると見られる。建造年が判明しているものは、古いものでも明治初期、多くは明治中期以降のようで、いくつかの優れた例があり文化財に指定されているものもある。

これらの鞘堂は、一定の大きさと型をもちつつも、屋根の形状、軒を支える組物、腰板、基壇など部位ごとにいろいろなバリエーションがあり、火の見櫓と同じように並べて比較して見るおもしろさがある。このデザインの多様性は村々が競って建てた結果と思われ、火の見櫓の変化に通じるものがある。火の見櫓の建設以前に、こんなことが千変万化の背景にあったのかもしれない。そして、常夜灯や鞘堂の立つ場所は、集落の神社の境内や、要の辻のようなところが多く、火の見櫓のある場所とよく似ている[3]。さらに場所が似ているだけでなく、火の見櫓を建てた集落と、秋葉講の組織とは、よく似たスケールのコミュニティ

5 秋葉山常夜灯の鞘堂
静岡県遠州地方の村々に並ぶ独特の形式で、秋葉信仰の広まりを今に伝える
（右上から時計まわりに浜松市天竜区石神、浜松市浜北区根堅、磐田市高木、浜松市浜北区上島）

にもとづいているらしいのである。

集落のなかの火の見櫓と常夜灯

秋葉神社から下流の、天竜川の堤防に立つと、家並みの中から突き出る火の見櫓が印象深い場所がある。静岡県磐田市池田の集落である。ここはかつて、天竜川の渡し場として上、中、下の三か所に渡しがあった。昔から受け継がれている集落のかたちと、火の見櫓が深いかかわりをもっている。

江戸時代の池田は東海道の宿駅ではなかったが、周辺の農村と異なり人家がびっしりと並び、平野のなかの町場を形成し、宿場と変わらない様相を呈していた。農家である地方《じかた》（宿方ともいう）と渡船に携わる渡方《わたしかた》（渡船方ともいう）とがあり、渡方は農地はなくても渡船収入があり、また地子免除の特権が与えられていたから、経済的には安定していた。地方は四〇軒余、渡方は二〇〇軒余であった。

池田では現在も、かつての三か所の渡し場からなる集落のかたちが街路形態に残され、つき合いのかたちが自治組織に受け継がれている。池田の町内会は四つの自治会に分かれている。

第六区上―竜東組、新町上組、新町下組の三組
第六区下―宿組、上町組、東池田組の三組
第七区上―田中組、中町組の二組
第七区下―居楽町組、下横町組、林町組、八町組、下町組の五組

四つの自治会はそれぞれ組で構成され、合計一三の組がある。さらに組はおよそ一〇軒程度で構成される班（隣保）で編成されている。自治会―組―班が池田の自治組織である。6は現在の自治会・組を示した区域図である。三か所の渡し場に通じる道路がそのまま残され、「組」の組織はその道路を境界とするのではなく、道路をはさんだ区域が組となっている。

消防団は二分団制である。自治会の第六区上、下が第一分団、第七区上、下が第二分団で、分団ごとに火の見櫓が建てられ、現在も存続している。ふたつの火の見櫓はともに江戸時代から存在し、昭和初期に鉄骨造の櫓が建設されたという。しかし戦争で供出され、一時的に丸太二本の櫓になった。現存する第一分団の櫓には、「星之内鉄工所　昭和二十九年十一月」の銘板があり、第二分団もかたちがよく似ているので、同じ時期に同じ鉄工所でつくられたと思われる。さらにもう一か所、第七区下町組に半鐘を鳴らす場所がある。二基の火の見櫓とひとつの半鐘は、かつての上、中、下の渡し場の位置と対応している。

そして（鞘堂はないが）秋葉山の常夜灯が三か所あり、こ

◉ 火の見櫓
▲ 秋葉山常夜灯
○ 渡し場

6 集落の生活単位と結びついた火の見櫓の立地

れも渡し場と火の見櫓（半鐘）の位置とほぼ対応している。上の渡し場近くの常夜灯は石灯籠で、一九三三（昭和八）年建立と刻まれている。中の常夜灯は火の見櫓のすぐ脚もとにお堂とともにあり、石柱の先端に灯をともす屋根つきの箱が取りつけられている。下の常夜灯は渡し場からは少し離れ、池田の集落の入口に位置している。

生活単位と集落のかたち

池田では、秋葉講の組織と行事が受け継がれている。新年一月、秋葉神社（浜松市天竜区春野町）に各組の役員が初詣に出かけ、一月二八日、組の秋葉講の人々が各集会所に集まり初詣りを行う。会場の正面には秋葉神社の掛け軸を飾り、食膳（頭つき魚一匹、ニンジン、ゴボウ、油あげ、饌米、酒など）を上げて一人ひとりがお詣りをする。五月二八日と九月二八日にも同様の行事を行っている。

また、池田における各自治会には、青少年健全育成委員会、調査広報委員会、環境整備委員会、体育委員会、防災委員会、子供会・中学校ＰＴＡ委員会、文化教養委員会があり、自主防災組織も機能している。さらに毎年一〇月一〇日前後の土・日にかけて天白神社を祭神とする祈願祭を

7 上の渡し場に近い第1分団の櫓と秋葉山常夜灯

行い、自治会ごとに屋台を町内引き回す。この祭りは一八歳から三〇歳までの若衆が取り仕切っている。

池田では、このように隅々まで組織化された自治会の構成によって、生活の単位が整えられている。生活の単位は集落のかたちに現れており、街路は江戸時代のまま、路地や小路も使われている。生活の単位が歴然と受け継がれ、コミュニティの息吹がまちに感じられる。

改めて考えてみれば、木造家屋がほとんどであった日本の集落では、つねに火事の危険に接していた。思わぬところに潜んでいるかもしれない火種に対して、生活の隅々に細やかな関心が向けられていることが、火の用心の備えであり、町を持続させる秘訣だったのである。古い町並みや建築が残っていることは、長年にわたる人々の火の用心の賜なのである。その備えが象徴的に見えているのが、火の見櫓の存在なのだ。

＊秋葉原の秋葉神社は、現在台東区松が谷に移されている。この神社の由緒によると、「宮城内紅葉山より鎮火三神を奉還し東京府火災鎮護の神社として現今の秋葉原の地に創設せられたのが当社の始め」とある。

＊＊『秋葉街道』静岡県教育委員会文化課、一九九六

8 中の渡し場に近い第2分団の櫓。脚もとにお堂と常夜灯

コラム

銘板は語る

静岡県磐田市匂坂上は天竜川の左岸に位置し、天竜川から取水する用水が旧道に沿って流れている。この用水沿いに「火ノ見」というバス停がある。集落の要にあたる辻(十字路)に立っていた火の見櫓がバス停の名前になったのである。しかし現在、その場所に火の見櫓はない。

この辻には場所性を感じさせるものがいくつか存在する。辻は用水に架かる橋と一体になっていて、橋の名前は「馬橋」という。北方の天竜地域と河口の掛塚湊を結ぶ街道であったため、ここで物資の運搬など荷車を引いた馬が休息する場所であったのではないか。休息できるだけの広さと施設があったのだろう。辻の北西には石造りの秋葉燈籠があり、馬橋を渡り、道を隔てた北東の一角には、高さ二メートルほどの時計台がある。

火の見櫓は辻の西南に立っていた。高さ約一六メートル、銅板葺き。見張台の手すりに鉄板を加工した「岩」の文字が入っていた。旧岩田村の頭文字

1「火ノ見」のバス停と火の見櫓

2 集落の要の辻に立っていた

である。櫓の下部、人の高さほどの位置に銘板がふたつ掲げられていた。刻まれている内容は火の見櫓の履歴を物語っている。

　銘板の一枚には、「寄附者芳名　東京市高田本町　由井市郎殿　大連市芝生町　飯田三郎殿　奉天市青葉町　鈴木竹千代殿」とある。もう一枚には「火の見櫓の説明」とあり、「嘗て昭和拾壱年左記三氏の御寄附に依り竣工せしも　仝拾九年大東亜戦争に供出　仝参拾年七月村と区の協力に依り　その土台の上に之を建立す　岩田村第二分団」と刻まれている。

　前者は一九三六（昭和一一）年のもので、後者は一九五五（昭和三〇）年再建時のものである。前者の寄付者三氏は、いずれも地元には住んでいない。東京と中国旧満洲の大連、奉天（瀋陽）である。この集落の出身者で、彼の地で活躍していた人物が故郷に錦を飾ったのであろう。

　ところがその八年後、一九四四（昭和一九）年に戦争の金属供出でいったん櫓は失われた。しかし、三氏記名の銘板は大切に保管されたのである。いずれ再建できることを願っていたにちがいない。そして戦後になって、同じ土台の上に新たな櫓を建て、保管していた銘板に加えて、櫓の履歴を刻んだ説明板が取りつけられたのだ。

　さて、この再建から五〇年が経ち、二〇〇七（平成一九）年二月、匂坂上の火の見櫓は撤去された。予想される東海地震により倒壊する危険があるため解体してほしいと周辺住民から要望が出され、町内会、消防団が再三協議を行った末のことだった。地域の歴史を如実に物語っていた火の見櫓。一度はよみがえった火の見櫓であったが、本来の機能が失せてしまい、老朽化に持ちこたえられなくなって滅失してしまった。それが櫓の運命だったと思うしかないのであろうか。

　現在、ふたつの銘板は、半鐘とともに近くの岩田公民館に保管されている。

3 櫓につけられていたふたつの銘板
右：戦前に櫓がつくられたときのもの
左：戦後再建されたときのもの

防災力とコミュニティ

重川希志依

火の見櫓のスピリット

火の見櫓は地域防災の象徴である。火の見櫓に上り、勇ましく半鐘をつき鳴らしながら火災を防御する火消しは、常備消防が整備されるまでのわが国では消防の基本であり、自分たちの住む地域は自分たちで守るのが当たり前のことであった。江戸の町火消「いろは四八組」から、田舎の消防組に至るまで、地域ごとに義勇消防が組織され、火の見櫓はその要であった。

現在の消防組織は、消防組織法（一九四七年公布、翌年施行）によっている。この法律により、市町村がその責任において管理する自治体消防（常備消防）が誕生した。昭和初期には、全国で三六都市におかれているのみであった常備消防が、改めて五七都市、一三三消防署、約二万人の消防職員でスタートした。そして六〇数年を経た現在、一七八〇市町村、常備化率九七・七パーセント、人口の九九・九パーセントを常備消防がカバーするまでになった。

一方、地域ごとの義勇消防は、消防組織法で消防団という名称が与えられた。消防団は、消防業務を担う行政機関として位置づけられているが、同時に「自らの地域は自らで守る」という精神に基づく住民の協働組織として活躍してきた。ところが消防団員の数は、常備消防の充実に反比例するかのように、減少の一途をたどっている。一九五五（昭和三〇）年には約二〇〇万人いた消防団員は、現在では半数以下の約九〇万人にまで落ち込んでしまったのである。火の見櫓の滅失は、この消防団の縮小を物語っている。

火の見櫓を中心として、民が主体となって担ってきた地域の安全を守るしくみは、戦後、徐々に官主体の防災へと変遷を遂げてきた。消防団が火の見櫓から半鐘を鳴らして住民に知らせ、皆が協力して火災を消火していたのが、一一九番通報すればすぐに消防車や救急車が駆けつけてくれる体制に変化した。防災で官が果たすべき役割はきわめて重要ではあるが、しかし一方で、住民の側は徐々に行政に依存し、自助の重要性を忘れつつあるのではないだろうか。現代において、火の見櫓のスピリットから学ぶことはないのだろうか。

「官が主体の防災」で生じる弊害

今、日本のどこかで水害や地震などの大規模災害が発生すれば、即座に避難所が開設されて食事や生活に必要な物資が配られる。住まいを失った人には仮設住宅が提供されるなど被災者に対する対応もとられる。これらは当然のようだが、一九四七（昭和二二）年に災害救助法が制定されるまでは、行政が行う対策は非常に貧弱なものでしかなかった。江戸時代には藩ごとに救済制度が異なり、明治以降になって国民に対する統一的な基準が設けられたが、十分なものではなかった。国の経済力も低く、官が十分に予算を割いて防災対策に取り組めなかったころには、大規模災害時でも被災者の自助と、地域社会の共助が基本であった。

防災にかかわる体制が整備され、また技術開発が進むにつれて、自助と共助の防災から、行政主体の防災へと意識が変わっていった。たとえば地震が起こった際、その直後にテレビなどで津波発生に関する情報が流される。これは大掛かりなコンピューターシステムを駆使し、津波の高さや到達時間を計算して予警報をいかに早く出すかに取り組んできた結果である。また、半鐘が果たしていた役割も近代的なシステムに置き換えられ、情報を確実に伝える手段として、防災無線の整備が進められてきた。防災行政無線同報系と呼ばれるシステムは、市町村役場と、屋外に設置されたスピーカーや各家庭などの戸別受信機を結び、地域住民に災害・行政情報を一斉に通報する機能を有している。その整備率は現在、全国の市町村の七五・六パーセントに及んでいる。

しかし、多くの予算を費やしてこれらを整備しても、津波警報を聞いて避難をする人は少ないのが実状である。二〇〇六（平成一八）年の千島列島を震源とする地震による津波避難の状況は、警報が出された地域で避難した住民は約一四パーセント、注意報が出された地域では約三パーセントしか避難行動をとっていなかった。この地震では幸い津波による死傷者はいなかったが、自分の身を守るための行

1 静岡地震の震源付近の被災状況（1935年、M6.4、静岡市大谷）。多くの民家が倒壊し、電信柱も傾いているが、火の見櫓は無事だった（出典：静岡新聞社『静岡市の100年写真集』1988年）

動を放棄してしまった感がある。

また二〇〇〇年に発生した東海豪雨は、死者一〇名、床上浸水約二万三〇〇〇棟の被害が生じた大規模水害であったが、愛知県内のある市役所では「避難所となった小学校にサッカーボール一個だけを持って避難してきた家族がいた」という話を聞いたことがある。飲み水や食べ物や当面必要となる身の回りの品をまったく用意しないで、身体ひとつで避難所に来る人もいるのである。行政主体の防災システムが整備され、災害対応が手厚くなればなるほど、行政任せの体質が人々の間に蔓延してしまうこととなった。

しかしながら、阪神・淡路大震災以降、コミュニティの存在が防災力の要となっていることが改めて明らかになりつつある。

見直される自助と共助

行政依存型の防災へと住民の危機意識が変わり、また、自然災害の静穏期であった時期に突然襲いかかってきたのが、一九九五（平成七）年一月一七日に発生した阪神・淡路大震災であった。この震災は、自らの命は自らが守る努力の必要性と、地域コミュニティの力を上回る防災力は存在しないことを、改めて私たちに思い知らせることとなった。

阪神・淡路大震災では、約二四万戸の住宅が全半壊し、数万人の人が生き埋めとなり、救助を求めていたと推計されている。このうち、自衛隊や消防や警察などによって救出された人は約二パーセントにすぎず、九八パーセントは被災者どうしで助け出していたことがわかっている（『二〇〇三年版消防白書』）。災害発生直後の人命救助は地域コミュニティでの助け合いがもっとも大きな力をもっていることが証明されることとなった。

被災者に対するヒヤリングからも、地震発生直後の行動は、自分自身の生命を守る→同居している家族の安全を守る→隣近所の安否を確認する、というパターンが多かったことが明らかとなった。さらに、直後の助け合いの輪は、町内会や自治会で結成されている自主防災組織の単位よりも、向こう三軒両隣といわれる小さな範囲での共助であった。あまりに激甚な被害であったので、両隣の家を助けるだけで精いっぱいだったという。範囲は小さくとも、自分や家族が無事だった人たちが、隣どうしの安否を確認し合い、その結果多くの生命が救われていたことになる。

生命を守ることができた人たちが次に直面するのが、住まいを失い、水や電気やガスが途絶したなかで過ごす苦しい被災生活である。阪神・淡路大震災の避難者数は、ピーク時で約三二万人に達した。地震により被った精神的・肉体的な打撃に加え、多数の人たちが寝起きをともにする避難所での暮らしは、健康な人にとっても過酷なものである。避難所では、隣り合った何世帯かがお互いに助け合う姿が見られた一方で、自分勝手に振る舞う被災者も存在した。行政に依存する被災者からの苦情が噴出する避難所がある一方で、自治体制が確立してこの難局を乗り越えたところも多数存在した。自助と共助で避難生活を送ったところでは、避難所解消後の個々の生活再建も円滑に進んだことが明らかとなっている。

災害発生直後の地域コミュニティの重要性は、阪神・淡路大震災以降に発生した災害でも繰り返し証明されている。二〇〇七（平成一九）年の能登半島地震の際に輪島市では、寝たきりのお年寄りなど要援護者の安否確認や避難誘導は、民生委員や区長（町内会長）がリーダーとなり、住民が主体となって行った。リーダーたちはまず自分の家族と隣近所の安否を確認し、防災無線から津波警報が聞こえたので、高齢者や歩行困難者に付き添ったりおぶったりして、高台の公園まで緊急避難した。さらに近隣の人たちに声をかけ

2 阪神・淡路大震災の激震地で残った火の見櫓
（1995年、M7.3、神戸市東灘区青木）

て動員し、逃げ遅れた人の確認や避難所での生活の準備をはじめるなど、行政の手が届く前に、自分たちで必要な対応を考え実行していた。高齢化率が極めて高いにもかかわらず、死者がなかった大きな理由のひとつに、やはり地域コミュニティの共助があったのである。

コミュニティの防災力

コミュニティとは、〝地域社会・共同体、居住地や関心をともにすることで営まれる共同体〟と定義されている。たんに同じ町内に住んでいる、あるいは同じマンションに住んでいるというだけで地域コミュニティと呼ばれるわけではない。そこに暮らす人たちが地域生活で共通の理念をもち、その実現のために活動していることが条件となる。災害時には住民の共助が必要であるが、隣は何する人ぞという風潮のなかで、地域コミュニティの結びつきは急速に希薄になっている。

災害時の協働組織を確立するために、全国で自主防災組織の結成が進められてきた。『二〇〇八年版消防白書』によると、その結成率の全国平均は七一・七パーセント、第一位は愛知県の九八・八パーセント、二位は静岡県の九六・八パーセントと続き、最下位は沖縄県の五・九パーセントとなっている。この数字だけで地域コミュニティの防災力を判断すれば、愛知県や静岡県は非常に高く、沖縄県は弱いということになってしまう。しかしこの数字がそのまま地域住民の意識を反映しているとはいいきれないのではないだろうか。地域で暮らしていくうえで、私たちは災害のみならず犯罪や福祉、教育、環境などさまざまな問題に直面する。地域コミュニティは、これらの問題を身近な観点から複合的に考える場であり、防災に特化して形成しようとすると、どうしても無理が生じる。

自主防災組織は、防災を旗印に地域コミュニティの形成を目指すものだが、これを展開させ、防犯や福祉など多様な問題解決に対応できるコミュニティづくりに成功しているケースもある。

一例を挙げよう。東京都江戸川区にあるなぎさニュータウンの「なぎさ防災会」である。ここは一九七七（昭和五二）年に開発された都市型団地で、一般にこうした大規模団地は、地域コミュニティの形成には不利と考えられている。しかしここでは、防犯や防災だけでなく、さまざまな課題に対して積極的な地域活動を継続し、人の輪をつくり上げてきた。

つねに進化するまち、ひとのことが気になるまち、必ず誰かが歩いているまち、の三つをモットーに、隅々まで手入れが行き届いた住環境づくりに、住民が全員参加で取り組んでいる。いつでもどこでも感じられる人の気配、それが入居開始から一度も空き巣被害のない犯罪に強い環境を生みだしている。

入居者は、それまでの生活環境が異なる人たちの集まりである。そこにコミュニティをつくるために、〝防災〟を共通の目的にしたのである。そして、ここから自分たちの財産は自分たちで管理するという考えに発展させ、管理を外部に委託せず、居住者が楽しめる生活、花がいつも咲き乱れる美しい環境、高齢になっても安心して暮らせる環境を目指しているのである。防災というとどうしても堅苦しいイメージがあるが、楽しいことを中心にしていることも成功の一因といえる。火の用心のパトロール終了後の飲み会やお花見、お祭り、敷地内でのバーベキュー大会など、みんなが楽しめる活動も頻繁に開催し、料理は手づくりで持ち寄るなど、〝現代版寄合〟の感がある。

3 なぎさ防災会の住民活動。消火器訓練(上)や
炊き出し訓練(中)をはじめ、
勤務先での地震被災を想定した
徒歩帰宅の体験訓練なども行っている
(提供:なぎさニュータウン管理組合)

地域コミュニティの誇り

かつて地域の人々が力を合わせて、火の見櫓を建設したとき、そこにはどんな想いがあっただろうか。目的は地域の防災機能を高めるためだが、同時にわが町の備えと結束

を見上げる誇らしい気持ちもあったのではないだろうか。

そして、火の見櫓のまわりには神社や集会所があり、祭りや寄合のときにも、つねに横に立っていた。苦しみを予防する施設だが、楽しいことも一緒に見てきた。

今でも火の見櫓が使われているような田舎では、人々はお互いが協力し合うことの大切さをよく知っている。そのために農業や漁業を営む協同体をつくり、その基盤の上で一人ひとりの生産者が努力をしている。このコミュニティと個人の関係はサラリーマンでも一緒だが、都市型社会で生活する人たちにとっては、職場や学校などのコミュニティに属していることは重要でも、自分が住む地域のコミュニティに属していなくても、日常的に大きく困ることはない。このため、地域活動に参加する必要性を感じない人が増えていることが、地域コミュニティ衰退のひとつの原因となっている。たしかに、犯罪や災害に遭遇することはめったにないし、自分や家族が健康で生活していれば、隣近所の人たちとつき合うのは煩わしいと感じる人もいるであろう。

ところが、ひとたび災害などの異常事態になると、向こう三軒両隣の助け合いがなければ、自分や家族の命も守ることはできなくなってしまう。そのときに備えて、普段からの適度な人間関係が重要となる。また、多様化する犯罪を未然に防ぐためにも、自分の家だけでできることには限界があり、犯罪が起こりにくい環境を地域ぐるみで形成していくことが不可欠となる。これは広い意味での福祉であり、「自らの福祉は自ら築く」ことを意味している。

なぎさニュータウンで活動する住民が語っている。「私たちが行っている活動は、人のためではなく、自分のためにやっているのです。私はこの団地にずっと住み続けるつもりだし、自分が年老いたときに安心して暮らすためには、まわりの人たちの力が必要になります。いずれ誰かのお世話になる日がくるのだから、今は自分がやれることをやっているだけです」。

地域の活動に参加するのは、自分と家族が安心して暮らすためなのだという認識を、住民一人ひとりがもつことがコミュニティ再生の第一歩となる。そのことは、町の防災力を高めると同時に、楽しく、誇れる町を築くことにつながっている。火の見櫓を見上げる、すがすがしい気分、それを教えとして受け止めたい。

5 小さな安全遺産

福井県若狭町三宅
（登録有形文化財／撮影：網代守男）

地域遺産としての火の見櫓

西村幸夫

火の見櫓との出会い

私が火の見櫓を意識して見るようになったのは、一九七九（昭和五四）年の夏からである。なぜそれがわかるかというと、その夏に初めて意識して火の見櫓の写真を撮った記録が残されているからだ。それが1である。

これは、東海道の宿場町である見付宿（静岡県磐田市）の光景である。当時、大学院生だった私は研究室の仲間たちと自主的な都市調査を始めたばかりのころで、見付宿は自分たちで自主的に選んだ初めての調査対象地であった。当時、見付では道路拡幅計画が進行中で、歴史的な町並みが危機的状況にあった。写真中央に櫛《くし》の歯が欠けたように下がって建っている建物は、そうした拡幅計画を受けて、建

1 見付宿、静岡県磐田市の火の見櫓（1979年、筆者撮影）

物を建て替えたところだった。両脇にはまだ古い町家が残っており、奇妙なくぼみの背後に突然、シングル葺きの洋風の屋根をもったかわいらしい火の見櫓が顔をのぞかせていた。不思議な光景に出会ったという印象を覚えている。それを撮ったのがこの写真である。

見付には、国の史跡に指定されている見付学校という明治初期の擬洋風の学校建築が残されており［3］、その頂部にはやはり優美な曲線美の屋根をもった塔屋が載っている。名古屋の宮大工、伊藤平右衛門が見よう見まねでつくったこのすばらしい洋風建築に込めた心意気と同じものを見付の火の見櫓に見いだし、シャッターを切ったのだろう。

その後、調査でこのあたりを訪れるたびに火の見櫓を意識して探すようになり、同じような洋風屋根をもった粋な火の見櫓が多いことに気づき、いつかはきちんと調べたいものだと思っていたが、そのままいたずらに月日が経過してしまい、今に至っている。ただ、こうした洋風の火の見櫓は他の地域では見いだせないような印象をもっており、この本の主唱者でもある「火の見櫓からまちづくりを考える会」（以下、火の見会）代表の塩見寛さんにずいぶん以前にそのようなことを話した記憶がある。

2 現在の見付宿の火の見櫓。
優美な姿はこの地方の火の見櫓の特徴である

3 火の見櫓を重ねてみた旧見付学校。1875年に建てられたわが国最古級の擬洋風学校建築で、国の史跡に指定されている（1979年、筆者撮影）

個人的には小さな風景の発見にすぎなかった火の見櫓が、このような組織的な研究となり、豊かな内実をもたらしてくれるようになったことにうれしい驚きを感じている。

ここではこれまでの火の見会の成果をもとに、火の見櫓の地域遺産としての価値をあらためて考えてみたい。火の見櫓の個人的なスナップ写真的発見から三〇年近く経っての火の見櫓再考である。

火の見櫓の特色

火の見会のこれまでの成果を参考に、火の見櫓を見直すといくつもの興味深い特色をまとめることができる。ここまでの本書の著述からも明らかなように、火の見櫓は一八九四（明治二七）年の消防組規則のもとに各府県において定められた施行細則において設置が規定されたものである。

消防組は江戸時代の町火消の後継組織であり、町火消が屋根の上に櫓を建てて火の見を行ったことを受け継いで、火の見櫓が定式化したのだろう。大名火消や定火消が成立した後、町人による自主的な消防組織として一七一八（享保三）年に町火消が組織化された。

あるいは火の見櫓は町家しか建てられなかった当時の町人たちが唯一建てることのできた高い建物として象徴的な意味をもっていたのかもしれない。そうだとすると、火の見櫓はそもそもの出発から、シンボルとしての役割をもっていたと推察することもできる。

消防組は、町火消なき後、近代における民間自主防災組織の好例である。その後、防護団、警防団へと改組され、戦後は消防団として一九四七（昭和二二）年に組織化された。火の見櫓も全国各地の消防団の中心的施設として、いやそれ以上に自主的な地域防衛のシンボルとして、町火消以来の系譜に連なるのである。

現在、各地で見ることのできる火の見櫓の大半は、戦争による金属供出の災厄を経て、一九五五年前後に再建されたものであるという。今日の火の見櫓のほとんどは、地元の鉄工所によって建設された、手づくりの鉄骨トラス建造物である。つまり、火の見櫓は地元職人の手づくりのシンボルでもあるのだ。

もうひとつ、火の見櫓には共通した特色がある。

当たり前のことではあるが、火の見櫓は見張台に上ったところから見える範囲の火災を監視するものである。したがって、その立地にあたっては、消防団（多くの場合、消防団分団であるが）のある地域の全貌がよく見えるようなところが選ばれることになる。これを地域の側から見ると、その地域においてはどこにいても火の見櫓が見えることになる。見えなければならないからである。視覚的にも火の見櫓はそのカバーする地域の要である。つまり、火の見櫓は地域の風景のシンボルたりえるのだ。

と同時に、火の見櫓から鳴らされる半鐘は、当然のことながら地域のどこからでも聞こえる必要がある。物理的に消防団の活動できる範囲で、かつ半鐘の聞こえる範囲ごとに火の見櫓が必要だということになる。火の見櫓が核となる地域風景にはおのずと適正なスケールがあるはずである。ここにも火の見櫓の特色がある。

地域遺産としての火の見櫓

火の見櫓の特色としてここまで見てきたことがそのまま火の見櫓を地域遺産としてその重要性を評価すべき項目となる。火の見櫓は地域防衛のシンボルであり、あるまとまりをもった地域風景の核であることがそのまま地域の遺産として評価されることになる。

ある圏域の中心部近くでどこからでも見通せる場所に、高くそびえる火の見櫓は視覚的にも貴重な遺産である。そしてこのモニュメントは機能を持ち、組織を表象し、歴史的な由来を体現しているのである。

そのほかの視点もある。火の見櫓の脚もとには、多くの場合、半鐘の鳴らし方の案内板が掲げられている。火災信号、山林火災信号、火災警報信号などに分かれており、それぞれまたいくつかの半鐘の打ち方に分かれている。たとえば、火災信号は近火信号（連打）、出場信号（三連打）、応援信号（二連打）、報知信号（単打）、鎮火信号（単打と二連打の組み合わせ）に分かれている。これは明らかに江戸の町火消の半鐘の鳴らし方に由来している。江戸では、火元が遠いときは単打、火消の出動が二連打、火元が近いときは三連打、火元がごく近いときは乱打（すり半鐘、なまって「すりばん」ともいう）、鎮火は単打と二連打の組み合わせが用いられていたようで、鎮火信号はそのまま受け継がれているほか、ほとんど同じような意味合いで鳴らし方が受け継がれている。

近いところの火事ほど緊急の鳴らし方をするというのは常識でもわかるが、たとえば鎮火の合図などは半鐘の鳴らし手と聞き手の間に共通の了解が成立していないと理解することはできない。これは音文化の遺産であり、さらにそれを受け継いでいくコミュニティが存在することの証である。

地域の自主防衛というある種の自治の姿が、明確なかたちとして表現されていること、それが歴史的な由来をもち（たとえばほかの国には火の見櫓というものは日本統治下の朝鮮や台湾の例を除いて、ほとんど存在しないという。少なくとも全国的に普及している国はないらしい）、今でもそれなりに受け継がれているとするならば、これはれっきとした地域遺産だということができる。

しかし、地域遺産という表現には、すでに歴史のなかで語られるようになり、現代においては役割を終えたものといったニュアンスが感じられる。たしかに、消防団の役割は徐々に小さくなってきているし、火の見櫓から半鐘を鳴らさなくても防災無線や有線放送、テレビやラジオの臨時ニュースや携帯電話での連絡など、緊急を知らせる手段はかつてよりはるかに多様になっている。そうしたなかで火の見櫓の存在価値をどのようにとらえたらいいのだろうか。

地域遺産といういい方は、一方で遺産となったものに新たな価値を見いだすという意味が込められている。無用の長物を遺産とは通常はいわないからである。それでは、火の見櫓の遺産的な価値とはなんだろうか。

火の見櫓が地域の自主防衛という考え方のシンボルであるということは先に述べたが、こうしたシンボルを現時点で評価するということは、かつて以上に重要なことになっているといえよう。つまり、地域の物理的な自立とガバナンス上の自律とを評価する視点は、地方分権を進めるうえにおいて、現代においてまさに追究すべき視点であり、それをシンボルとして体現している火の見櫓は貴重な教訓だからである。

消防団は団員の減少と高齢化が問題になっているとはいえ、現在でも地方における自立的な防災組織として有効に機能しており、その存在意義は大きい。二〇〇七年四月一日現在、全国に二四七二の消防団、二万三六〇五の分団が存在し、消防団員の総数は八九万二八九三人に上っている。ただし、これは消防団が設立間もない一九五〇年代と比較して消防団数で四分の一以下、団員数で半分以下となっている。

また、地方分権の基礎的な単位がどのくらいのものであるべきかを考える際に、火の見櫓が分布しているスケールはひとつの参考となるだろう。半鐘が聞こえる範囲で、かつ見渡すことのできる範囲という条件は、じつにわかりやすい具体的な地区画定の論理である。そしてそれは地区の広がりをひと言で表せる実体的な指標であり、おそらくは生活の実感とも一致しているといえるだろう。

親とのつかず離れずの居住の様子を表すのに「スープの冷めない距離」という言い方が英語にはあるが、火の見櫓が見えて半鐘が聞こえる範囲という表現は、あるいはそれと似たような生活実感にもとづいた地域の広がり感を表現する単位だということもできるかもしれない。

同時に、手仕事としての火の見櫓の具体的な姿に価値を見いだすこともできるのではないだろうか。

火の見櫓は基本的に地元の鍛冶屋の手づくりである。したがって、屋根の姿にも、見張台の姿にも、細部の装飾にも、鉄骨の組み方にも地域的な特色があり、それらの組み合わせとしての全体の姿にはひとつとして同じものはないといわれている。また、火の見櫓が立つ場所の地形は当然のことながら一つひとつ固有であるので、周辺との関係や配置はすべて異なっている。したがって、火の見櫓が建っている風景を遠望するとその姿も一つひとつ別物である。こうした個性はそれ自体、地域遺産の重要な価値ではないだろうか。

4は、私が見つけたもっとも個性的な火の見櫓である。上吉田（山梨県富士吉田市）の市街地の中にある。脚もとが曲線になっているのは、ここから消防ポンプ自動車が出入りするための工夫だろう。

子細に見ると、ここは富士講の御師《おし》集落で、富士山に向かって直線的にのびた道路に沿って、直行する敷地が計画的に町割りされたところであり、御師の家は街路から奥まったところに位置し、表通りからこれまた直線的な辰道《たつみち》と呼ばれるアプローチ道路を通って出入りすることになっている。富士山信仰をもとにしたまちのつくりだけあってあたかも神社へのアプローチのように、すべてが直線でできている点が上吉田の集落の特徴である。

　こうした特殊な町割りの制約からおそらくは狭い間口の町家のロットの前面に火の見櫓を設置しなければならない事情があり、火の見櫓の脚もとから出入りするしかないという事情からこのような姿をとることになったと推察される。

　つまりこうした不思議な形姿の火の見櫓にもそれなりの根拠があるのだ。ここにも地域遺産を読み解き、評価する理由がある。すべての配置と形態にはそれなりの理由があるということである。地域資産を評価するということはこうした資産の物語を大切にするということでもある。もしくはもっと積極的な意味合いがあるのかもしれない。

4　上吉田(山梨県富士吉田市)にあるユニークな火の見櫓。曲がった脚もとだけでなく、寸詰まりの屋根も不思議な格好をしている(2006年、筆者撮影)

火の見櫓のこれから

　いかに火の見櫓に地域資産としての価値を見いだしたとしても、まったく実用的な用途が見いだせないとすると、その存続を説得力をもって主張することは難しい。実際に、火の見会の調査によると、火の見櫓の数は徐々にではあるが減少してきているようだ。

では、火の見櫓に将来はないのだろうか。火の見櫓は現代において新しい役割を担うことはできないのだろうか。

本書の編者である「火の見櫓からまちづくりを考える会」の名前がストレートに表現しているように、火の見櫓をまちづくりのひとつの契機と考えることからこの課題は解かれなければならないだろう。

第一に、火の見櫓の文化財としての価値を明らかにすることがある。

すでに登録有形文化財になっている火の見櫓も存在するが、多くの火の見櫓は少なくとも地域のシンボルとして登録文化財になる価値がある。火の見櫓の比較研究が進めば代表的なものは文化財としてさらに高い価値づけを与えることができるかもしれない。

こうした作業を通して、火の見櫓のある風景をたんなる当たり前の風景として見過ごすのではなく、日本の地域づくりの貴重な努力が生み出した文化的な風景だとして価値づけすることがまずは必要であろう。

第二に、火の見櫓が象徴する日本の地域の自主的な民間防災組織、ひいてはそれぞれの地域のまちづくり運動の業績を示す一里塚として見直すことがある。

今後ますます地域の自立や自律、官民の協働による地域経営のセンスが求められているのであるから、消防団が担ってきたような役割は、さらに大きな流れのなかで語られる必要がある。つまり地域の自立のためには官民によるさまざまな側面での協働が行われなければならないが、人口減少下の現状では、地域の課題を部門ごとに分断して統括する余裕は次第になくなりつつある。全体を地域マネジメントの観点から統合的に運営する必要性が日増しに高まってきているのだ。消防団もそうした流れのなかで語られる必要があるだろう。いつまでも消防組織法の枠内で防災だけの特化した組織ではいられないだろう。

火の見櫓を生みだしてきた地域の力を、防災だけでなく地域づくり全般へ戦略的に拡げて、地域経営の筋道を語る必要がある。そのとき、火の見櫓はそうしたエネルギーの象徴として、十分に役割を果たしうると思う。

第三に、火の見櫓のある風景を景観的な価値から再評価するということである。火の見櫓が存在する広がりをひとつの景域、あるいは風景の自立単位としてとらえ、その芯に火の見櫓を置くことによって、地域の風景づくりの手順が見えてくるのではないだろうか。これは景観法による景観計画立案の新しい方法論ともなりうるかもしれない。

最後に、以上の観点をすべて統合して、火の見櫓のもつ物語としての意味をまちづくり運動の視点から再評価することが大切だろう。

火の見櫓は多様な意味をもっているのだ。まずはそれを多様な側面から明らかにすることによって、おのずとまちづくりの方策は浮かび上がってくるのではないだろうか。自分たちの身近にこんなにおもしろいものがあるとすると、それだけでも少しは元気が出るというものである。物語そのものが人にエネルギーをもたらす。火の見櫓の物語そのものからまちづくりを考えることが可能なのである。そのためには火の見櫓をもっと知らなければならない。本書はその目的のためにあるのだ。

見付ふたたび

見付宿の火の見櫓を「再発見」してからほとんど三〇年の月日が経過してしまった。この間、東海道五三次の宿場町のひとつである見付宿は道路拡幅ですっかり変貌してしまい、現在では表通りに歴史の面影はない。1の両脇の町家もその先の町並みも消えてしまった。

ただ、もちろん旧見付学校の建物は健在であるし、宿場町の中央を流れる今之浦川の景色もそのままである。裏道沿いの蔵や横丁の風情を再評価しようというまちづくりの動きもある。私がかつて見た火の見櫓もまだ典雅な姿を保っている。まちが変わってしまったとしてもまちを大切に思う人々は今も健在のようである。

見付学校から見付の火の見櫓に受け継がれた職人の熱い想いのようなものがひとつの物語として語り継がれるならば、これからの時代にまたひとつのまち自慢の景色が生まれ、見付のまちがまた新しい歴史を取り戻していくことを後押しすることも可能だと思う。

一基の火の見櫓がそのきっかけを与えてくれるとすれば、これもこのまちにとっての大きな貢献ではないだろうか。ちょうど、これまでの時代に火の見櫓が見付のまちを見守ってくれたような貢献を、違うかたちで果たしてくれることになるといえるのではないだろうか。そう願いたい。

5 明治後期の見付宿。写真中央に火の見櫓が見える
（出典：『磐田の記録写真集』磐田市教育委員会編、2006年）

コラム

滅失過程とタイムラグ

火の見櫓は、現在では本来の機能を失い、撤去され、なくなっていく傾向にある。いつごろ、どのように失われたのだろうか。静岡県袋井市の例を見てみよう。

現在の袋井市は二〇〇五（平成十七）年に浅羽町と合併してできた。二〇〇二年にワールドカップの舞台となったスタジアムの完成とともに、新駅の建設や道路整備、区画整理が行われ、近年都市化が進んだ地域である。郊外型の複合文化施設や商業施設もつくられた。人口も増え続けており、比較的若い街といってよい。

袋井市内には一六基の火の見櫓があり（二〇〇八年末）、一三基は旧袋井市内、三基は旧浅羽町内であった。櫓の建設年は、いくつかの銘板や基礎に、昭和二四、二五、二六、二九、三〇、四〇年とあり、建設年が不明なものも、部材の状況からほとんどが昭和二〇年代から三〇年代に建設されたと思われる。このころは戦後の自治体の再編期で、旧袋井市は一九五八（昭和三三）年に、旧浅羽町は一九五六年に、町村合併促進法（一九五三年）によってできた。それ以前は三つの郡をまたぐ二町一〇村からなり*、広域的な郡の境界域にある小規模な町村の集合であった。火の見櫓はこれらの町村の共同体に基づいて建設されたので、中心性のない散逸的な分布となった。

旧袋井市内では、かつて四六基の火の見櫓が存在していた。旧市の資料によると、櫓の撤去が始まったのは一九八四（昭和五九）年からで、この年から五年ごとに撤去された数を示すと、2のようになる。まず一九八〇年から同報無線の設置が進み、火の見櫓は本来の機能を失っていった。一九八九（平成一）年から九三年にかけては国道一号線のバイパスが高架で開通し、ちょうどバブル期にあたるこのころ、多くの櫓が撤去された。袋井市は東西交通がいくつも通っているが、国道一号線バイパスは通過交通のなかでも市街地とのかかわりが大きい。道路建設が引き金となって、無用のままに存在していた火の見櫓が一気になくなっていったわけである。経済の停滞期には撤去も減り、二〇〇五年の合併を迎えたが、その後三基が失われた。旧浅羽町内についての動向は不明だが、合併後に一基が失われた。袋井市では現在も都市化の進行とともに、撤去される方向にあるようだ。

地域の景観には、たとえば道路のように、社会的に必要とされてから出現するまでにタイムラグ（時間的なズレ）がある。一方、機能を終えてからなくなるまでも同様である。開発の進まない時期は、土地利用のサイクルが遅いので、タイムラグのなかにあるものが少なくない。

火の見櫓は占有面積も小さいため、本来の機能を終えてもすぐには撤去されることは少なく、タイムラグの長い施設といえる。しかし大規模事業や経済状況の変化を機に、一気になくなってしまうことも袋井市の例は示している。火の見櫓がなくなるか存続するかは、タイムラグの間に見方の転換ができるかどうかであろう。

＊合併の経過は次のとおり。（ ）は合併年。
旧袋井市：袋井町と久努村（一九五二）、今井村（一九五四）、三川村（一九五五）、田原村（一九五六）、笠原村（一九五六）によって袋井市施行。これに山梨町と宇刈村（一九五五）による山梨町（一九六三）が合併。
旧浅羽町：上浅羽村と西浅羽村、東浅羽村、幸浦村（いずれも一九五五）によって浅羽町施行。

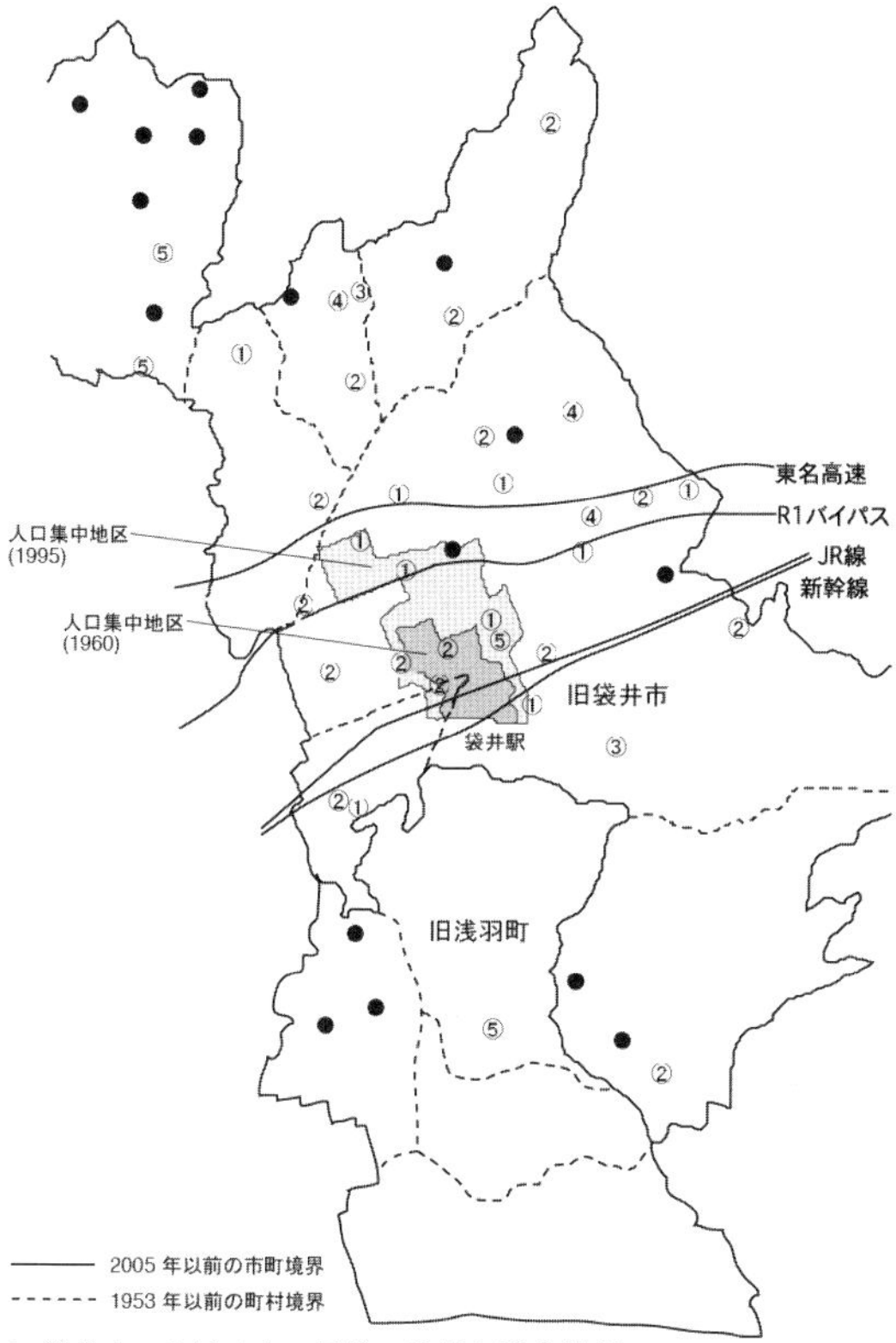

1 袋井市における火の見櫓の位置と滅失過程
（地図内の丸数字は図2の記号を示す）

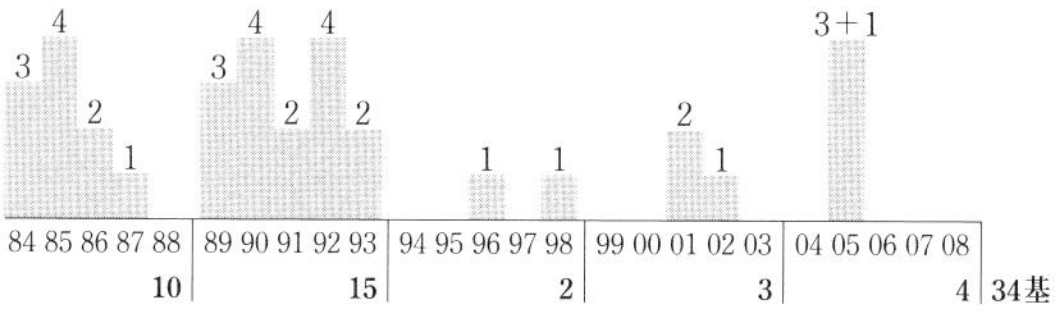

年	撤去数	記号
1984-88	10	①
1989-93	15	②
1994-98	2	③
1999-03	3	④
2004-08	3＋1	⑤
現存	16	●

2 撤去された時期と数

コラム

よみがえる記憶、つくられる記憶

1 櫓が建てられたときの記念写真。
消防団員の後ろに公民館と火の見櫓

建築物は共同体の記憶を表すといわれる。建築物は誰もが目にし、世代を超えて使われるから、それが立つ場所で暮らす人々に記憶され、歴史を語る存在となる。火の見櫓は建築物としては小さいが、特異な形状の公共物で、非常事態に活躍するので、思い出も多い。ふだんは忘れられているが、櫓の存廃が問題になると、記憶がよみがえってくるようだ。

富士山の麓、静岡県富士宮市星山地区で、二〇〇八年、火の見櫓の解体か存続かの議論が浮上した。本来の機能を失った櫓を残すには維持費がかかり、老朽化しているというのが発端だった。これに対して、見張台より上の部分だけを残す案なども検討されたが、結局、錆を落としペンキを塗り替えて、当初からの姿が保全された（23頁）。この結論に至るまでに語られた、さまざまな思い出話が興味深い。

建てられたのは一九五五（昭和三〇）年。そのときの写真も残っていた［1］。前には正装した消防団員が地区長らも含め二二名。上の囲みに写っているのは、建設資金の寄付者である。当時の新聞も出てきた。「五十八尺」の火の見櫓「時価十六万円」を建設寄付したとあり、火の見櫓の「落成式」が、地元紙の話題になっている。* 星山には戦前にも鉄骨の櫓が立っていたが、戦時下の一九四四年頃に供出され、それから一〇年余りは、二本の丸太柱に半鐘を下げた簡単なものだったらしい。そこに地元出身の資産家の寄付があって、鉄骨の櫓が実現したということだ。

写真で櫓の下にある建物は公民館。一九五〇年に建てられ、現存している。青年団が木を切り、製材し、みんなで建てた。ここでは演芸、映画の上映会、習字の教室、保健所の講習会なども行われた。前の広場では、櫓からちょうちんを下げて盆踊りを楽しんだ。

もちろん火事の記憶もある。火元が近いときは擂半といい、間隔を取らず半鐘を打ち鳴らす。あるとき隣の集落で火災が発生、半鐘を鳴らそうとしたところ、あるはずの木槌がない。あわてて金槌を借りて打ったら、半鐘にヒビが入ってしまったことがあった。また、遠くに半鐘の音が聞こえたり、煙が見えたときには、櫓に上って場所を確認する。少し離れた火災は三ツ半といい、三回鳴らして間を取る。近くの山では毎年のように山火事があり、煙を見つけると三ツ半をたたき、消防団は鎌や斧、のこぎりを持って、火事が広がらないよう木を切り倒しにいった。

こうして、いろいろな思い出が語られる過程は、火の見櫓を通して地域の歴史を語り継ぐことであった。記憶を語る人がいて、それにうなずく人がいて、それがみんなに伝わって、保全に至ったのである。住民に火の見櫓にまつわる記憶があり、それがよみがえってきたからこそ、星山の火の見櫓は地域の遺産として再認されたのである。

もうひとつ、やはり富士山に近い富士市岩渕の火の見櫓を挙げたい。こちらはいったん廃止されてしまった櫓が移設され、文字通りよみがえった例である。

岩渕の火の見櫓は、一九五一（昭和二六）年に旧東海道沿いに建てられた。この櫓が一九九九年に撤去された際、近くに住む久保田隆義さんが譲り受け、しばらく自所有地に寝かせ、保管してきた［2］。久保田さんは語っている。「火の見櫓は幼いころから見慣れた、あって当たり前のものでした。道を教えるときは、火の見櫓を目印にしたも

2 撤去された後、
寝かされていた火の見櫓

3 再建された火の見櫓からつながるこいのぼり
（撮影：網代守男）

のです。何かの目印に、また社会活動の一環として再度建設したいと思っています」

そして二〇〇五年、息子の久保田常右さんらがグループを結成し、寝ていたこの櫓を起こして、再建してしまったのである。常右さんたちは、若い世代の異業種交流会をきっかけに、「古きよき文化」を自分たちの手で残してみようと集まった。彼らは「櫓《やぐら》an《あん》」と称し、再建に着手した。メンバーのなかに建設業、塗装業、クレーンリース業、消防士などがいたことも、再建をスムーズにしたようだ。現行の建築基準法に合致するよう、構造計算と確認申請も済ませ（26頁参照）、サンドブラストによる錆落としと塗装を施して、当初の位置から数キロメートル離れた富士市南松野に櫓が建ち上がった。さらにこの櫓は、翌年、登録有形文化財となった。

新たな場所は、眼前に雄大な富士山を望むすばらしい景観である。櫓anは、この地の利を生かして定期的にイベントを開いている。毎年五月の子どもの日には、櫓からロープを張り渡し二〇〇匹のこいのぼりを空に泳がせる。地域の家庭に、飾られなくなったこいのぼりの寄付を呼びかけて実現した。また、クリスマスのアートプロジェクトでは、櫓をイルミネーションで飾り、音楽あり、屋台ありの学園祭のような雰囲気がつくられる。さらに夏休みには親子の特別教室を開いたり、地域の特産品を生かしたお茶祭りを行うなど、自己資金で自発的な企画を運営している。火の見櫓が本来の機能を発揮していた時代を知らない二〇代が、火の見櫓に価値を見いだし、これを活用して新しい地域おこしを行っている［3］。

こうして、火の見櫓の再建に始まり、それをシンボルとした櫓anの活動は、子どもたちに、また地域の人々に、新たな記憶をつくっていくことだろう。

＊岳南朝日新聞一九五五年三月一六日

「火の見単位」という安心

なつかしさとおもしろさ

火の見櫓は「遺産」か「ゴミ」か。このタイトルで写真展を行ったことがある（二〇〇三年一月二二日〜二六日、静岡市民ギャラリー）。一〇〇〇基の櫓の写真を一同に並べた。写真を見た人の感想では、「なつかしい風景」（五五パーセント）と、「かたちがおもしろい」（三四パーセント）というのが多かった。

ふだんは存在すら忘れていたのに、火の見櫓が画面の主人公となった写真を見たら、昔の記憶がよみがえってきた。「なつかしい風景」というのは、ある年代以上の人には率直な感想だろう。興味深いのは、災害のための施設であるのに、マイナスのイメージに結びつかない点である。「なつかしい」という言葉には、親しみが込められている。また、どこか甘美な、しかし、切ない思い出のようなニュアンスがある。大半の人は、お祭りが開かれた神社の横にあったとか、遊んでいた空き地の傍らに立っていた、などという記憶なのではないだろうか。そこで起きた小さな出来事とともに、かけがえのない思い出になっているのだろう。自分が使ったわけでもなく、ただそこに立っていたという事実だけで、火の見櫓がよき過去を思う窓口になっているのである。まして、消防団などの体験のある人には、思い出はひとしおだろう。

また、ふだんは見過ごしていたのに、火の見櫓の写真を見たら、かたちの豊かさに驚いた。しかもたくさん並べてみたら、それらがさまざまに違うことにびっくりした。「かたちがおもしろい」というのは、一目瞭然の感想だろう。火の見櫓は、単純なのに、いろいろと目立つ部分があって、専門的な知識などなくても、かたちを楽しめるのである。建築物のかたちそのものに、多くの人が好奇心を感じることができるのは、デザインとして重要なことであろう。そして、この感想は、実用的な役目を失っても、火の見櫓が使われていたころを知らなくても、多くの人に共有可能なのである。見せ方の工夫次第では、実用上の目的以外の楽しい可能性があるかもしれない。

1 役目を終えスクラップになろうとしている火の見櫓
（千葉県木更津市／撮影：網代守男）

　このように火の見櫓を改めて見た人は、その存在を高く評価してくれる。しかし一方で、文字通りの無用の長物と見なされることも事実である［1］。果たして、火の見櫓はこれからの社会の「遺産」になれるのだろうか。

手仕事の近代化

なつかしさとおもしろさはどこからくるのだろうか。

　火の見櫓のなつかしさ。それはまず、どこにでもあった身近な建築物だったからだろう。とても立派な、めったにない建物をなつかしいとは普通はいわない。火の見櫓がどこにでも立っていたころ、それは、集落の誰もが、家を出ると数百メートルで目にすることができて、子どもでも知っていた。火の見櫓の下が、登下校の集合場所になっていたり、寄合をする集会所があったりした。実際、これほど小さな地域単位でつくられて、しかもどこにでもあった建築物は、ほかには神社や集会所くらいだろう。このかつての日常性が、なつかしいという感情に結びつくのである。

　火の見櫓は、建設の時点でも、身近な建築物であった。近所のおじさんたちが資金を出し合い、隣町の鉄工所が製作して、ある日、消防団が建て起こした。こんな光景が、全国の津々浦々で展開された。そして、この建設は、地方の近代化と軌を一にしていた。

近代化のなかで見ると、火の見櫓の波及は、小さな集落を単位にして、全国一律の消防制度が浸透していく過程を示していた。都市から田舎まで共通のしくみができた一方で、戦争中には金属の供出という悲しい出来事も起きた。さらに、戦後には復興と発展に向けた集落のシンボルとなって、高度経済成長を見守った。そして、通信手段や建築物の変化、消防車の普及や道路整備にともなって、しだいに役割が減っていったのだ。火の見櫓は、日本の近代化のさまざまな光と影を、小さな集落に落としてきたのである。

次に、おもしろさはどうだろう。現存している火の見櫓が、ほとんど鉄骨造であることを踏まえると、これは鉄骨造の、高さや全体の姿がさまざまに異なっていることや、要所に鉄細工の飾りがあることを発見する楽しさだろう。それがどこから生み出されたかというと、地元の鉄工所であった。火の見櫓のおもしろさは、鉄工所の手仕事に由来しているといえそうである。

火の見櫓は、全国一律の機能をもつものでありながら、それぞれの地域の実情に応じて、鉄工所の創意工夫が凝ら

2 多彩な装飾を見せる頂部(山形市蔵王／撮影：網代守男)

された。限られた材料を組み合わせながら、たいていは構造計算などせずに、鍛冶屋の職人の勘と経験からつり合いを決めていった。装飾は、洗練されてはいないけれど、素朴でわかりやすく、ときには笑ってしまうような変なものもできた。とはいえ、鉄骨の組み合わせは、もともとはモデルがあり、また材料もほとんどアングルのみに限られていたので、一定の形状を大きく外れるようなものはできなかった。機能的にも物理的にも制限があったから、野放図にはならなかったのである。

火の見櫓のおもしろさは、規準のなかの余裕というか、形式のなかのゆるさというか、全国的な同一性と地元の手仕事による多様性とのバランスにある。このどちらに偏っても、おもしろさは減る。このことは、近代を通過した現代において、新たな意味をもっているだろう。建築物や工作物の具体的なあり方についても、また、それをつくり使用する人的組織のあり方としても、火の見櫓のおもしろさは、これからの社会の参考に値するのではないだろうか。

3 家並みの中から立ち上がる姿(静岡県磐田市池田)

目と耳にもとづく広がり

地域を見守ることは、火の見櫓の使命である。櫓が建て

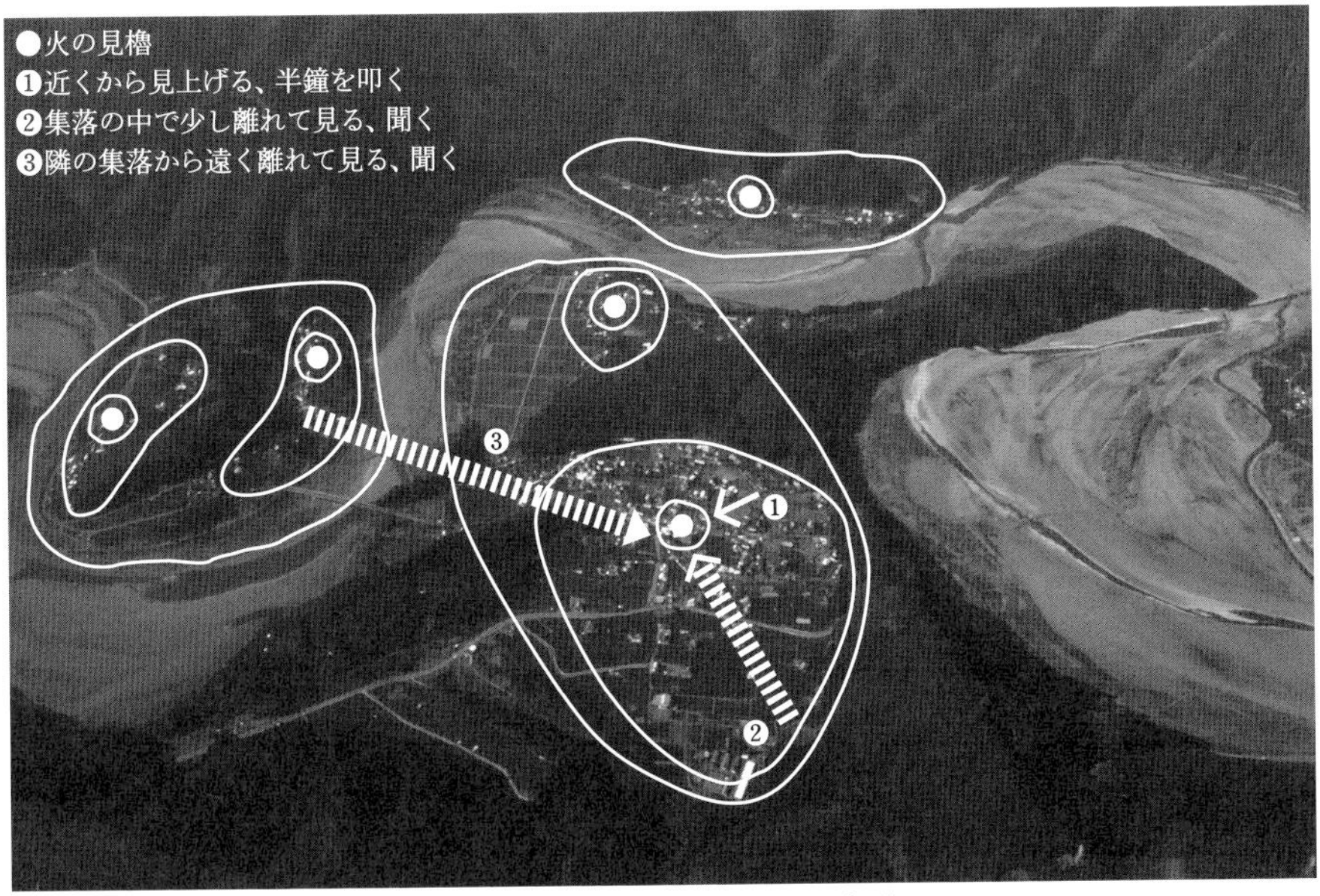

4　集落の広がりに対応した「火の見単位」（静岡県川根本町地名、59-61頁参照）

られ、使われていたころ、それは人間の目によって行われていた。危機を知らせる半鐘も、人の手で叩き、生の音を聞いていた。それが次第に、見ることも聞くことも電話やスピーカーを通して行われるようになった。

建設もまた、櫓が建てられたころは人の手でつくり、人の力で起こしていた。しかし、櫓が使われなくなったころから、現場の発想からつくられるような遊びは、世の中から排除され、何でも正確な設計にもとづくようになった。

そして、防災のしくみもまた、かつては歩けるくらいの集落ごとに火の見櫓があり、自衛の備えがあった。さらに助けが必要な場合には、集落どうしで連携し合った。それが、通信と道路の整備とともに、電話をして消防車に来てもらうようになった。

このような変化は、人々の生活を便利にして、地域活動の義務から解放した。このことは近代化の道程であり、人々の行動と時間の自由を増やすことに、きわめて大きな意義をもっていた。だが一方で、メディアが進歩し、自動車に乗るようになったことで、人々の身体感覚は後退し、身近で小さな地域の生活単位が忘れられたという側面もあるのではないだろうか。

火の見櫓を基点にすると、生身の人間の視覚と聴覚にもとづく、いわば「火の見単位」ともいうべき、景観と音環境の広がりが考えられる。それは火の見櫓から見えて、電話もスピーカーも使わずに半鐘を聞くことができる広がりである。火の見櫓から見れば、一基あたりの機能の広がりである。

火の見櫓から見える広がりは、逆にいえば、火の見櫓が見える景観の広がりでもある。この広がりは、距離に応じていくつかのレベルが考えられるが、ここでは近景、中景、遠景にあたる三つの範囲を考えたい。

第一は、火の見櫓の近く、集落のなかから見上げるくらいの範囲である。これはしばしば集落の中心と重なり、近くには学校や神社や集会所などの公共施設もある。また、水路や水槽に近く、消防器具の入った倉庫もある。集落の日常生活とともに、消防活動の拠点でもある。

第二は、少し離れて、集落の家並みのなかから、火の見櫓が頭を出しているのが見えるくらいの範囲である。これは集落の周縁部にあたり、櫓の姿が見えることで、同じコミュニティのなかにいることを確認できる範囲といえよう。いざとなれば、火の見櫓まで駆けつけることもできる。

第三は、遠く離れて、隣の集落から望むような範囲である。集落全体が周囲の景観とともに視野に収まり、もはや火の見櫓は見えるかどうかである。しかし、火の手が上がれば遠望できるし、静かであれば半鐘の音も聞こえる。場合によっては、消防隊を編成して応援に行ったり、こちらの集落でも準備をしなければならない。

これら三つの景観の広がりは、それぞれ段階的に、人間の身体（目、耳、足）と、火の見櫓の機能（監視する、警鐘を鳴らす、召集する）と対応している。

「火の見単位」の提唱

「火の見単位」は景観と音環境の広がりだが、それはコミュニティの広がりでもある。目と耳と足で把握できる環境や地形の広がりであるとともに、地域的な心のつながりを示す広がりでもある。あえて「単位」というのは、フィジカルな三つの範囲を、メンタルな広がりと対応させ、それらの総称としたいからである。

第一の近景の範囲では、集落の各地区の各世代が日常的に顔を合わせている。小学校や集会所などがあり、集落内の人々が集まってくる。

第二の中景の範囲では、第一の範囲に集う人々が分散している。いわば、第一の範囲にある小学校に通った、幼なじみの友達がいる広がりといえるだろう。

第三の遠景の範囲には、毎日は顔を合わせることはないけれど、ときどき連絡を取り合う人がいる。小学校に対する中学校区の範囲といえばいいだろうか。かつての村くらいの広がりである。

このように、環境の広がりは、人づき合いの密度と対応している。もちろん、ここで例示した広がりが、農山漁村のどこでも合致するわけではなく、まして田舎と都市部とでは状況が異なるが、一般に、日常的な視覚、聴覚、歩行の範囲と心理的なテリトリーとは、重なっているといえるだろう。そして、こうしたフィジカルな面とメンタルな面を併せもち、段階的な広がりと密度をもつまとまりを、ここで「火の見単位」として提唱したいのである。

5 雨の日も雪の日も、集落を見つめる火の見櫓(京都府綾部市高津町)

「火の見単位」のポイントは、防災の単位が、目と耳と足にもとづいて、景観や環境の単位と、小さな生活単位と一致していることである。火の見櫓は、できれば使われないほうがよい施設である。それが本当に活躍するときは、集落にとって苦しみのときである。しかし、それは祭りのときも、寄合のときも、子どもが遊んでいるときも、傍らにあって、集落の楽しみも見守っている。苦しみに備える施設だが、その維持、管理をするのは、楽しみを企画する人でもある。楽しみが一体となっているから、苦しみにも備えられるのだ。

「火の見単位」をもとに、身近で小さな地域の生活単位を見直し、さらに隣の集落とのつながりを考えてみる。ここに、これからも地域で人々がともに暮らすヒントがあるのではないだろうか。生身の人間がとらえる環境や地形は、集落の大きさ、人々の記憶、そして防災のしくみと密接に関連している。「火の見単位」は、大げさにいえば、これからの社会の、公共性や福祉を考える手がかりとなるかもしれないのだ。

風土としての安心

火の見櫓が生まれた江戸時代から、消防は、そろいの印が入った法被《はっぴ》で、「いなせ」な心意気や勇ましさを身上としてきた。出初式などの訓練は、祭りにも通じる祝祭性があって、地域の誇りであり、子どもたちの憧れであった。そこには、防災という行政的な用語では抜け落ちてしまう高揚感がある。財政的な数字では計れない象徴性がある。高揚感や象徴性は、人々の思いが結晶した「華」なのである。こうした感覚と一体となっていたからこそ、自主的な安全を守るしくみが成り立ってきたのではないだろうか。

　こう考えると、火の見櫓の頂部に見られる装飾は、小さな地域の安全を象徴する「華」なのである。それは機能とは関係がないけれど、目のつけどころであり、人々が安心への信頼を寄せる印なのである。それは見る人をほほえませ、記憶に残りやすく、おもしろさやなつかしさの感情となって、人々に親しまれる。

　火の見櫓の造形を、地域のシンボルとして見れば、それらが一か所ごとに違うことにも合点がいく。同じ土地はふたつとなく、同じ人が住む場所はないからである。シンボルが立つ土地も、思いを託す人も違うのだから、そのかたちも違って当然なのである。隣の集落と同じでは、かえって違和感があるだろう。

　火の見櫓がシンボルとなるには、立っている場所も重要である。学校や集会所と隣り合わせで、人々が日常的に出会う場所に立っている。防災訓練のときだけではなく、ふだんの生活とともに、むしろ空気のように存在している。そうした場所にあるからこそ、そこで育ち暮らした出来事とともに記憶に残り、なつかしさとなって思い出されもするのである。

　火の見櫓は小さな建築である。立っている面積も小さく、守備範囲も小さい。小さな公共性がつくりだした建築である。この公共財は、しかし、環境や地形にもとづき、そこで営まれる社会の、さまざまな文化と結びついている。人々が暮らしの安全と安心を願ってつくった、その姿も、場所も、人も、風土と分かちがたい関係をもっている。風土という語は、自然と社会のどちらをも示し、それは、広く見れば一定の傾向があり、細かく見ればそれぞれに差異がある。おおざっぱには同じように見えても、よく見ると一つひとつ違う。火の見櫓のおもしろさを示すこの言葉は、そのまま風土を示す言葉にほかならない。火の見櫓は、風景に溶け込み、小さな風土を象徴している。それは、小さいけれど公共の安心を示す「安全遺産」なのである。

6 まつりを見守る火の見櫓(茨城県常総市水海道宝町/撮影:網代守男)

山形県山形市吉野宿

宮城県仙台市太白区大野田
（撮影：網代守男）

青森県平川市猿賀

千葉県成田市田町

埼玉県朝霞市栄町

栃木県那須町芦野

富山県入善町上野

新潟県上越市中郷区二本木

東京都小金井市関野町

山梨県富士河口湖町富士ヶ嶺

福井県南越前町今庄

石川県白山市美川神幸町

愛知県岡崎市滝町

岐阜県恵那市中野方町

長野県塩尻市奈良井

京都府木津川市加茂町井平尾

滋賀県甲賀市信楽町小川

三重県津市美杉町奥津
（撮影：外園 勝）

奈良県奈良市阪原町

兵庫県三木市平田

大阪府大東市太子田
（撮影：外園 勝）

山口県美祢市秋芳町秋吉
（撮影：外園 勝）

広島県三原市幸崎町能地

和歌山県有田川町久野原
（撮影：外園 勝）

愛媛県内子町大瀬中央

香川県さぬき市末

徳島県阿波市土成町吉田

佐賀県伊万里市南波多町
（撮影：網代守男）

福岡市中央区春吉
（撮影：外園 勝）

高知県香南市夜須町出口

大分県宇佐市下時枝

熊本県大津町引水

長崎県長崎市上黒崎町
（撮影：網代守男）

沖縄県石垣市桃里伊野田
（撮影：網代守男）

鹿児島県霧島市隼人町嘉例川
（撮影：岸本 章）

宮崎県綾町北俣割付
（撮影：網代守男）

火の見櫓を知るリファレンス

『消防大鑑』日本消防協会、一九五九

『炎と纏』日本消防写真史編纂委員会、一九七六

『東京の消防百年の歩み』東京消防庁職員互助組合、一九八〇

『日本消防百年史』日本消防協会、一九八四

藪内喜一郎監修『写真図説　日本消防史』国書刊行会、一九八四

『住まいの文化誌　天災人災』ミサワホーム総合研究所、一九八四

山形東四郎「火の見櫓物語」『月刊消防』東京法令出版、一九九〇年八月―一九九一年七月

後藤春彦『「火の見櫓」の都市デザイン的意義に関する研究』第一住宅建設協会、一九九二

［ホームページ］

消防団（総務省消防庁）　http://www.fdma.go.jp/syobodan/

消防防災博物館（消防科学総合センター）　http://www.bousaihaku.com

消防雑学事典（東京消防庁）　http://www.tfd.metro.tokyo.jp/libr/qa/

火の見櫓っておもしろい!!　http://homepage2.nifty.com/Soto/hinomi/

火の見櫓図鑑　http://www.hetima.net/firetower/

環境デザインマニアック　http://www.tamabi.ac.jp/kankyou/kishimoto/

火の見櫓探偵団　http://hornet18.web.fc2.com/index.html

火の見櫓をさがして　http://firetowers.naganoblog.jp/

空の青い週末には〜自転車で武蔵野の火の見櫓を訪ねる〜　http://www.rottel.net/やっとん

遠州・万斛の郷　http://www11.plala.or.jp/mangoku/

火の見櫓からまちづくりを考える会　http://hinomi.rocket3.net/

アメリカ田舎町の風景のジグソーパズルに描かれた火の見櫓(提供:橋田 治)

あとがき

生まれ育った家の前に火の見櫓が立っていた（161頁のように現在も立っている）。こんもりとした土手の上にそびえるようにあった。土手にはクローバーやイタドリなどの草花が茂り、もの心ついたころから格好の遊び場所だった。高校を卒業するまで火の見櫓は毎日目にするものだった。しかし、当たり前にそこにあるから、特別なものとは思っていなかった。だから、空を見上げて半鐘や櫓のかたちを確かめることはなかった。存在していることを意識することはなかったが、火の見櫓が立つ風景の記憶が心のどこかにずっと潜んでいたのかもしれない。

三〇年前に静岡県に移り住んでから、いろんな町や地域に出かけた。そのたびに火の見櫓が視野のなかに入っていたと思う。いつのころからだろうか、妙に気になりはじめた。幼いころの記憶の風景がよみがえってきたのだろうか。ひょっとしたら火の見櫓は至るところにたくさん残っているのではないかと思うようになった。

二〇〇〇年四月に土屋和男と意気投合し、杉山瑠美を加えて、どこにどれくらい、どんなものがあるのか調べてみようと思い立った。三人から芋づる式に人が呼び寄せられ、一か月後には集団が成立した。「火の見櫓からまちづくりを考える会」の発進である。

調査を始める前は、県内に二〇〇か三〇〇くらいかと思いきや、調べるほどにどんどん数が増え、五〇〇を超えたときは目を見張った。そして、実際に見て歩けば歩くほど、火の見櫓への興味が深まっていくのだった。予想はしていたが、事実は予想以上だった。こんなにたくさんあるのだ、そしてこんなにいろんなかたちがあるのだという事実を確認するプロセスのおもしろさは格別であった。二〇〇三年一月に一〇〇〇基を超え、悉皆調査をひとまず終えた。

その間、二〇〇一年九月には青森県黒石市で開催された「火の見やぐらサミット」に参加したり、すでに一九九二年に火の見櫓の調査研究を発表されていた早稲田大学の後藤春彦先生や、火の見櫓を撮り続けている写真家の網代守男先生に出会うこともできた。二〇〇三年二月には大井川中流の川根地域で「火の見櫓サミット」を開催し、全国から六〇〇名を超える参加があった。二〇〇四年には長野県の中山道沿いへも調査に出かけた。

これらの活動を通じて、火の見櫓に関心をもつさまざまな分野の専門家・研究者や全国の愛好家とのネットワークを広げてきた。

「火の見櫓からまちづくりを考える会」は、「火の見櫓」について調査することだけを目的にしたのではない。からに示されるように、火の見櫓を通して地域やまちを見つめ直したいと思った。火の見櫓の履歴、立っている場所、現在の姿から、地域の人たちがかかわってきた出来事や生活の場の変遷を垣間見ることができた。火の見櫓そのもののおもしろさだけではなく、火の見櫓がもつ深さと広がりを調査によって確認していくことになった。

本書を編むにあたって、火の見櫓を知る決定版にしたいと思った。そこで、建築、都市計画、サウンドスケープ、防災の専門家に論及していただき、網代先生からは美しい写真をご提供いただいた。本会の調査・研究で明らかになったことを、専門的な立場から論点を深めてもらい、本会と交互に論考していく構成とした。火の見櫓をさまざまな分野や視点・角度から知り得ていく構成により、読者の認識がより深められたのではないかと思っている。

五名の専門家は本会の活動に理解を示し、助言・指導をいただいてきた先生方である。今回の出版・執筆についても快くお引き受けいただいた。深く感謝する。

本書に掲載した火の見櫓のなかには、現存しないものも含まれていることをお断りしなければならない。日々、数を減らしているのである。また取り上げた事例も本会の活動拠点である静岡県が中心となっている。できるだけ普遍的な記述をめざしたつもりであるが、ほかの地方では多彩な事例や思いもよらない状況があるかもしれない。本書がきっかけとなり、各地で火の見櫓の存在が話題になって、見直す機会を与えることになれば、このうえない喜びである。

本書の出版は、二〇〇三年にトヨタ財団から「近代化とくらしの再発見：わたしたちが見つける地域の歴史」をテーマに活動助成を受け、さらにその成果発表助成を受けたことにより実現できたものである。トヨタ財団の喜田亮子氏には一連の助成に対してご尽力いただいた。また、本会の一員が勤務する常葉学園大学からは「学部教育の高度化・個性化：地域社会と連携したデザイン教育の研究と実践（二〇〇七～二〇〇九年度）」の補助金を受け、その一部を活用させていただいた。さらに、鹿島出版会には、一市民活動組織の活動成果を評価していただき出版の承諾を受けたことがトヨタ財団の助成に結びついたものであり、まことに感謝に堪えない。担当の川嶋勝氏には出版・編集に対してご尽力いただき感謝申し上げる。

「火の見櫓」が本の出版というかたちで世の舞台にあがったことは、衆目に接する機会を得たことであり、さぞ火の見櫓自身も喜んでいることだろう。本書で「火の見櫓」が語ってくれたことを復唱し、さらに地域を見つめていきたいと思う。

二〇一〇年五月
火の見櫓からまちづくりを考える会
代表　塩見　寛

著者略歴

塩見 寛（しおみ・かん）
静岡県交通基盤部都市局市街地整備課主幹／都市計画
一九五二年京都生まれ。九州芸術工科大学卒業、筑波大学大学院修士課程修了。著書に『まちの個性を、どう読み解くか』など。
［担当頁］006-016, 041-048, 050-063, 079-080, 122-131, 155-163

土屋和男（つちや・かずお）
常葉学園大学准教授／建築史・都市史
一九六八年東京生まれ。工学院大学卒業、芝浦工業大学大学院博士課程修了。博士（学術）。著書に『都市デザインの系譜』など。
［担当頁］006-016, 018-040, 041-048, 081-082, 084-104, 118-120, 122-129, 150-154, 155-163

網代守男（あじろ・もりお）
写真家
一九三二年東京生まれ。千葉大学短期大学・東京理科大学卒業。日本放送協会で報道・広報・紀行番組などを撮影。写真集に『火の見櫓紀行』など。
［担当頁］006-016 ほか

鳥越けい子（とりごえ・けいこ）
青山学院大学総合文化政策学部教授／サウンドスケープ研究、音環境デザイン
一九五五年東京生まれ。東京芸術大学大学院・ヨーク大学修士課程修了。著書に『サウンドスケープ：その思想と実践』など。
［担当頁］064-078

今川憲英（いまがわ・のりひで）
東京電機大学教授／構造デザイン
一九四七年広島生まれ。日本大学理工学部卒業。TIS & PARTNERSおよびISGW主宰。著書に『木による空間構造へのアプローチ』など。
［担当頁］105-117

重川希志依（しげかわ・きしえ）
富士常葉大学教授／環境防災・都市防災
一九五七年東京生まれ。東京理科大学卒業。中央防災会議委員、消防審議会委員などを務める。著書に『防災の決め手「災害エスノグラフィー」』など。
［担当頁］132-138

西村幸夫（にしむら・ゆきお）
東京大学大学院教授／都市計画
一九五二年福岡生まれ。東京大学大学院修了。工学博士。日本イコモス国内委員会委員長。著書に『都市保全計画』など。
［担当頁］140-149

編者：火の見櫓からまちづくりを考える会

塩見 寛（しおみ・かん）
静岡県交通基盤部都市局市街地整備課主幹

土屋和男（つちや・かずお）
常葉学園大学准教授

杉山瑠美（すぎやま・るみ）
杉山一級建築設計事務所

和田 厚（わだ・あつし）
インテリアコーディネーター／和田材木店／常葉学園大学非常勤講師

小澤義一（おざわ・ぎいち）
小澤建築設計事務所

加藤ひろみ（かとう・ひろみ）
インテリアコーディネーター

伊達 剛（だて・つよし）
伊達剛建築設計事務所／常葉学園大学・日本建築専門学校非常勤講師

関戸未帆子（せきど・みほこ）
静岡県交通基盤部都市局市街地整備課

藤岡理加（ふじおか・りか）

火《ひ》の見櫓《みやぐら》 地域《ちいき》を見《み》つめる安全遺産《あんぜんいさん》

発行 二〇一〇年七月二〇日 第一刷

編者 火の見櫓からまちづくりを考える会©

発行者 鹿島光一

発行所 鹿島出版会
〒一〇四－〇〇二八 東京都中央区八重洲二－五－一四
電話〇三－六二〇二－五二〇〇 振替〇〇一六〇－二－一八〇八八三

デザイン 伊藤滋章

印刷 壮光舎印刷

製本 牧製本

ISBN978-4-306-04546-0 C3052
Printed in Japan

本書の内容に関するご意見・ご感想は左記までお寄せください。
URL: http://www.kajima-publishing.co.jp
e-mail: info@kajima-publishing.co.jp